JN085364

シリーズのリニューアルについて

　本シリーズは，相続税の税率引上げや基礎控除の引下げ等の大幅改正をふまえて，2014年に全6巻で刊行されました。刊行から6年余を経過した現在，毎年行われる税制改正により全ての巻のいずれかの箇所で改訂が必要となりました。

　つきましては，シリーズ名を『税理士のための相続税Q＆A』と改め，全6巻の体系は維持しつつ，各巻とも，制度改正をふまえた見直しを積極的に行いながら，重要項目あるいは改訂項目に逸早くたどり着けるよう索引を収録するとともに，コラム「スタッフへのアドバイス」を適宜追加することといたしました。

　索引の収録は，旧版から収録されていた『株式の評価』の巻を読まれた方が索引の使い勝手の良さを強く感じられて，全巻への索引収録を熱心に要望されたことに応えた結果です。

　また，「スタッフへのアドバイス」は本シリーズが税理士の方のみならず，事務所や法人のスタッフの方々の役に立つことを編集スタッフが希望したものです。

　世間はいわゆる想定外のコロナ禍で大きな混乱を招いていますが，本シリーズが制度内容の詳細な解説にとどまらず，税理士の方や税理士事務所，税理士法人スタッフの方々にとって，相続税実務を進める際の良きパートナーとなりますことを切に願うところです。

令和2年（2020年）9月

㈱中央経済社

代表取締役社長　山 本 　継

はじめに

　資本主義経済のわが国において，企業には活力があるとともに利益体質であることが求められます。

　この活力及び利益体質の源となるのは，企業経営者の能力と気力にあるといえます。

　所有と経営が分離している大企業にあっては，資本は株式市場で調達し，経営は資本家と別の経営者が行い，順次能力と気力のある経営者に交替していくというシステムであるため事業承継という問題は発生しません。

　これに対して，所有と経営が一致している中小企業・小規模事業者においては，経営者が事業の元手となる非上場株式又は事業用資産の大部分を所有している現況にあります。このような中小企業経営者の年齢分布のピークが60歳台半ばとなり，高齢化が急速に進展する中で，2025年までに中小企業・小規模事業者の平均引退年齢70歳に達する経営者が380万社中約245万人に達する見込みとされています。このうち，半数以上の127万社（日本企業全体の1/3）で後継者が未定となっており，現状を放置すると中小企業の廃業の増加により，10年間累計で約650万人の雇用，約22兆円のGDPが失われる可能性があり，特に地域経済に深刻な打撃が生ずる恐れがあります。そこで，平成30年度税制改正では，円滑な世代交代に向けた集中取組み期間（10年間）の時限措置として，贈与税・相続税の納税猶予及び免除の一般制度の各種要件の見直しを含む贈与税・相続税の納税猶予及び免除の特例制度が創設されました。

　企業運営の多くの部分を経営者の経営能力及び意欲に依存する中小企業・小規模事業者にとって，経営者の高齢化と後継者難は，業績悪化及び廃業に直結する問題となっています。そこで，中小企業・小規模事業者が有する技術及びノウハウ等の貴重な経営資源を喪失させないためにも，後継者の確保はもちろん，円滑な事業承継に向けて，後継者の育成及び資産・負債の引継ぎ等が必要となると思われます。

　そこで，本書においては，第1章・事業承継計画を進める手順，第2章・親族内の事業承継，第3章・親族外の事業承継，第4章・M&Aにおいて，事業承継対策を行おうとする中小企業・小規模事業者の経営者及び対象会社の「ヒ

ト・モノ・カネ」の現状に応じた環境整備，株式及び事業用財産の分配方法，税制措置等の活用を提案しています。また，第5章・取引相場のない株式等に係る贈与税の納税猶予及び免除の一般・特例制度，第6章・取引相場のない株式等に係る相続税の納税猶予及び免除の一般・特例制度において，「中小企業における経営の承継の円滑化に関する法律」及び税制改正を踏まえた贈与税・相続税の納税猶予及び免除の一般・特例制度の手続，内容の解説及びその活用を紹介しています。そして，第7章・事業承継と民法において，平成30年7月13日に交付された改正民法を踏まえた遺留分制度及びその税制上の取扱い，その特例制度である生前贈与株式を遺留分の対象から除外できる制度（除外合意），生前贈与株式の評価額を予め固定できる制度（固定合意），後継者が生前贈与を受けた株式等以外の財産及び非後継者が生前贈与を受けた財産を遺留分算定基礎財産から除外することができる合意（附随合意）の内容の解説及びその活用を紹介しています。

　現在，中小企業・小規模事業者においては，経営者自身が大株主であり，その多くが高齢者となっています。これら経営者の高齢化に伴う世代交代，いわゆる事業承継対策の重要なポイントは「株式の承継」にあります。本書が，これら中小企業・小規模事業者の事業承継対策に多少でも役立てていただけることを希望しています。

　令和2年12月吉日

税理士　宮森　俊樹

目　次

第1章 ■ 事業承継計画を進める手順

第2章 ■ 親族内の事業承継

第3章 ■ 親族外の事業承継

第4章 ■ M&A

第5章 ■ 取引相場のない株式等に係る贈与税の納税猶予及び免除の一般・特例制度

第6章 ■ 取引相場のない株式等に係る相続税の
　　　納税猶予及び免除の一般・特例制度

Ⅰ　非上場株式等についての相続税の納税猶予及び免除の
　　一般制度 ──────────────────────── 197

第7章 ■ 事業承継と民法

▎スタッフへのアドバイス

相続税の申告書の添付書類　3

個人の事業用資産に係る相続税の納税猶予及び免除制度　32

贈与税の納税猶予及び免除制度と相続時精算課税制度の併用　75

成年年齢（民法改正）　96

特別寄与料（民法改正）　111

預貯金債権の仮払い制度等（民法改正）　209

凡　例

相法………相続税法

相令………相続税法施行令

相規………相続税法施行規則

法法………法人税法

法令………法人税法施行令

法規………法人税法施行規則

所法………所得税法

所令………所得税法施行令

所規………所得税法施行規則

通則法……国税通則法

通則令……国税通則法施行令

措法………租税特別措置法

措令………租税特別措置法施行令

措規………租税特別措置法施行規則

評基通……財産評価基本通達

相基通……相続税法基本通達

法基通……法人税基本通達

所基通……所得税基本通達

通基法……国税通則法基本通達

措通………租税特別措置法関係通達

会計規……会計計算規則

円滑化法…中小企業における経営の承継の円滑化に関する法律

円滑化政令…中小企業における経営の承継の円滑化に関する法律施行令

円滑化省令…中小企業における経営の承継の円滑化に関する法律施行規則

相法3①一→相続税法第3条第1項第1号

第1章
事業承継計画を進める手順

Ⅰ 事業承継の手順

Q1 事業承継対策を行う前に

中小企業経営者の創業者であるA社長は現在60歳であり，B専務取締役（創業以来経理事務を担当している親族外）は55歳，C取締役（Aの長男）は35歳というM社の事業承継対策を行いたいと考えていますが，どのような手順で行えばよいのでしょうか。

A まず，ステップ1として，会社をとりまく「ヒト・モノ・カネ」などの現状を正確に認識すること。次に，ステップ2として，その現況に合った承継方法及び後継者を選定・確定すること。そして，ステップ3として，その現況に応じた中長期の経営計画に事業承継の時期及び具体的な対策を盛り込んだ事業承継計画を作成・実行に移すことが大切となります。

解説

中小企業経営者の年齢分布のピークが60歳台半ばとなり，高齢化が急速に進展する中で，2025年までに中小企業・小規模事業者の平均引退年齢70歳に達する経営者が380万社中約245万人に達する見込みとされています。このうち，半数以上の127万社（日本企業全体の3分の1）で後継者が未定となっており，現状を放置すると中小企業の廃業の増加により，10年間累計で約650万人の雇用，約22兆円のGDPが失われる可能性があり，特に地域経済に深刻な打撃が生ずる恐れがあります。そこで，平成30年度税制改正では，円滑な世代交代に

向けた集中取組み期間（10年間）の時限措置として，贈与税・相続税の納税猶予及び免除の一般制度の各種要件の見直しを含む贈与税・相続税の納税猶予及び免除の特例制度（後述する第5章及び第6章参照）が創設されました。

　企業運営の多くの部分を，経営者の経営能力及び意欲に依存する中小企業・小規模事業者にとって，経営者の高齢化と後継者不足は，業績悪化及び廃業に直結する問題となっています。そこで，中小企業・小規模事業者が有する技術及びノウハウ等の貴重な経営資源を喪失させないためにも，後継者の確保はもちろん，円滑な事業承継に向けて，後継者の育成及び資産・負債の引継ぎ等が必要となると思われます。

　こうした後継者不在を理由とした中小企業・小規模事業者の廃業を防止するには，中小企業・小規模事業者の経営者に事業承継問題への早期対応の重要性を浸透させ，各経営者の実情に応じた中長期の経営計画に事業承継の時期及び具体的な対策を盛り込んだ事業承継計画を作成すべきでしょう。

　中小企業・小規模事業者の経営者に対する事業承継の準備状況を検討すると，「何もしていない」及び「準備が不十分」というケースが多く，事業承継の重要性にも関わらず事前準備が進んでいない実態が浮き彫りとなっています。また，「準備が十分にできている」というケースにおいても，事業承継の具体的対策を実行しようとした時に，親族内，従業員及び取引先等の関係者の理解が得られなかったり，所得税，贈与税及び相続税等の税金対策を行っていなかったために納税資金が確保できていないなど，事業承継の課題の抽出が十分にできていないケースが少なくありません。

【図表1−1】事業承継の手順

《ステップ1》	《ステップ2》	《ステップ3》
現状の認識	承継方法及び後継者の確定	事業承継計画の作成及び特例承継計画の作成
① 会社の経営資源の現状	① 親族内の事業承継	① 事業承継計画の作成・実行を行うこと
② 会社の経営リスクの現状	② 親族外の事業承継	② 特例承継計画の確認申請書（様式第21）の作成・確認を行うこと
③ 経営者自身の現状	③ M&A	
④ 後継者候補の現状		
⑤ 相続発生時に予想される問題点の現状		

　そこで，これら事業承継の課題を解決するためには，図表1-1に掲げる順番によって，事業承継計画を立案し，その計画をステップアップして実行に移していくことが大切となります。

スタッフへのアドバイス

相続税の申告書の添付書類

　平成30年度税制改正前における相続税の申告書に添付すべき書類の範囲は，①相続の開始の日から10日を経過した日以後に作成された戸籍謄本で被相続人の全ての相続人を明らかにするもの，②被相続人に係る相続時精算課税適用者がある場合には，相続の開始の日以後に作成されたその被相続人の戸籍の附票の写しとされていました（旧相規16③）。

　平成30年度税制改正では，相続税の申告書の添付書類として提出すべき書類の範囲に，①戸籍謄本を複写したもの，②法定相続情報一覧図の写し（複写したものを含み，図形式で記載されたもののうち実子又は養子の別が記載されたもの（被相続人に養子がある場合には養子の戸籍謄本又は抄本）に限ります。）が追加されました（相規16③一）。

　この改正は，平成30年4月1日以後に提出する申告書（これらの申告に係る期限後申告書を含みます。）について適用され，同日前にこれらの規定により提出した申告書については，なお従前の例によります（平成30年度改正規附則3）。

【図表】　相続税の申告書の添付書類

区　　分	平成30年度税制改正前	平成30年度税制改正後
相続税	戸籍謄本の原本	戸籍謄本の原本
		戸籍謄本のコピー
		法定相続情報一覧図の写し^{（注2）}
酒税（酒類製造業者等の相続税の申告）^{（注1）}	戸籍抄本の原本	戸籍抄本の原本
		戸籍抄本のコピー

（注1）　酒類等の製造業又は販売業を相続しようとする者が提出する相続申告書には，戸籍抄本を添付する必要があります。

（注2）　法定相続情報一覧図には，相続人に関する情報として被相続人との続柄を記載する必要があります。平成30年4月1日から，この続柄について相続人が被相続人の子又は配偶者である場合，原則として戸籍に記載される続柄（例えば，子であれば「長男」，「長女」，「養子」など）が記載できることとされます。そこで，被相続人との続柄について，戸籍に記載される続柄を記載することによって，相続税の申告書の添付書類に法定相続情報一覧図の写しが利用できることとされます。

　　　なお，申出人の選択により，続柄について子であれば「子」，配偶者であれば「配偶者」と記載することもできます。この場合には，相続税の申告書の添付書類に法定相続情報一覧図の写しが利用できません。

Ⅱ　現状の認識

Q2　会社の経営資源の現状

事業承継の手順（図表1−1）の《ステップ1》の現状の認識のうち，「①会社の経営資源の現状」を把握するためには，どのような点に留意すべきでしょうか。

A　事業承継の課題を解決するためには，まず最初に会社をとりまく現状を正確に認識することが大切となります。

　会社の経営資源の現状を正確に把握するためには，①会社の従業員の数及びその年齢，②会社の資産の額及びその内容，③会社のキャッシュ・フロー（資金繰り）及び④これら①〜③についての将来見込み等の現状によって，解決すべき事業承継の課題が異なることとなります。

法令・通達　円滑化法2①，円滑化政令1，円滑化省令1①，措法70の7①③三，70の7の2①③二，70の7の5①，70の7の6①

解説 ……………………………………………………………………………
　事業承継対策を行おうとする対象会社の経営資源の現状，いわゆる「ヒト・モノ・カネ」の現状の内容によって，解決すべき事業承継の課題が異なることとなります。

1　会社の従業員の数及びその年齢
　中小企業の中でも従業員10人の会社と従業員が500人の会社では，事業承継対策の考え方が異なることとなります。

　例えば，「中小企業における経営の承継の円滑化に関する法律」における「非上場株式についての贈与税の納税猶予及び免除（措法70の7①）」，「非上場株式についての相続税の納税猶予及び免除（措法70の7の2①）」，「非上場株式についての贈与税の納税猶予及び免除の特例（措法70の7の5①）」及び「非上場株式についての相続税の納税猶予及び免除の特例（措法70の7の6①）」の適用を受ける場合には，対象法人が「中小企業基本法上の中小企業（業種に

よって資本金又は従業員数を限定）」とされており，飲食店などのサービス業では資本金５千万円以下又は従業員数100人以下とされています（円滑化法２①，円滑化政令１，円滑化省令１①）。

　また，これらの納税猶予の適用を受けるためには，原則として，贈与税及び相続税の申告期限から５年間は常時使用従業員数の平均値が贈与税・相続税の申告期限時における常時使用従業員数の80％を下回らないこと（いわゆる雇用継続要件）も含まれていますので，対象会社の従業員の人数及びその年齢などの現状を正確に把握しておく必要があるでしょう（措法70の７③三，70の７の２③二）。

２　会社の資産の額及びその内容

　多額の利益が出ている黒字会社においても，貸借対照表の流動資産，固定資産の内訳及びその内容によって，事業承継対策が異なります。

　例えば，流動資産のうち預金残高及び配当可能利益が多額にあれば，経営者の保有している株式を金庫株として自社で買い入れ，相続人の相続税の納税対策として活用することができます。また，50年以前に安価で購入し含み益が多額となっている土地等を所有している会社では，経営者の相続時の株価は高額となるでしょうから株式の承継対策が必要となります。

　このように会社の現金預金，売掛金，土地建物などの固定資産，貸付金などの資産の内訳やその正確な金額などの現状を把握することは，事業承継対策を検討するうえで，重要なポイントとなるでしょう。

３　会社のキャッシュ・フロー（資金繰り）

　営業畑を歩んできた経営者の中には，会社のキャッシュ・フロー，いわゆる資金繰りなどの経営状態の現状をあまり把握していないケースも少なくないと思われます。会社の資金繰りが赤字となっており，毎月の支払が自転車操業となっているような会社では，損益計算書において営業利益，経常利益及び税引前当期純利益が出ている黒字会社でも，新規の設備投資による資金調達が必要となったときに金融機関からの新たな借入が困難であったり，運転資金の融資枠の縮小又は借入金利の引上げが行われたりする可能性があります。

　このように経営状態が常に不安定な状況にある会社の資金繰りの現状を正確に把握しておくことは，事業承継対策を検討するうえでは，重要なポイントと

なるでしょう。

4　上記1から3についての将来見込み等

　事業承継対策を行う場合，上記1から3までの現状の認識に応じた将来見込み等を予測することも大切なことになります。

　例えば，事業承継による経営者の交代を行ったら，主要な経営幹部及び従業員のほとんどが退職してしまったケースもあります。そこで，後継者候補と経営者交代後の経営幹部及び従業員との信頼関係を築くことも事業承継対策では大切なことになります。

　また，事業承継後の経営安定化のためには，中長期にわたる資金繰り表の作成をはじめ，主要な得意先，仕入先及び金融機関への事前の周知も必要となるでしょう。このような中長期的な展望に立った経営計画を作成するとともに，事業承継の時期及び具体的な対策を盛り込んだ事業承継計画（実際の作成の仕方は，本章「Ⅳ　事業承継計画書の作成」を参照して下さい。）を作成することは，事業承継を成功させるためにも大変重要な作業となります。

Q3　会社の経営リスクの現状

事業承継の手順（図表1−1）の《ステップ1》の現状の認識のうち，「②会社の経営リスクの現状」を把握するためには，どのような点に留意すべきでしょうか。

A　会社の経営リスクの現状を正確に把握するためには，①会社の負債の額及びその内容，②会社の業界内での競争力はどうか，③これら①及び②についての将来見込み等の現状によって，解決すべき事業承継の課題が異なります。

解説

1　会社の負債の額及びその内容

　会社の貸借対照表が債務超過となっている会社は，金融機関からの運転資金の融資を受けることができません。

　そこで，このような会社の買掛金，未払金及び借入金などの債務の内訳やその正確な金額などの現状を把握し，経営の安定化を図ることは事業承継対策を

検討するうえでは，重要なポイントとなるでしょう。

2　会社の業界内での競争力はどうか

　創業者である経営者又は協会・組合の会長等の業界内の役職を歴任してきたような経営者の事業承継を行う場合には，優秀で人望の厚い後継者候補であっても，売上の減少等に伴う業績悪化は覚悟しなければならないでしょう。

　例えば，業界内で第1位のシェアを誇っていた売上占有率が，事業承継による経営者の交代を行ったら，主要な得意先がライバル会社に引き抜かれて急落してしまったケースもあります。食うか食われるかの過当競争を展開している中小企業では，事業承継による経営者の交代は会社の業界内での他の会社との競争力などの現状を分析して，慎重に行う必要があると思われます。

　このような会社の業界内での競争力の現状を把握しておくことは，事業承継対策を検討するうえでは，重要なポイントとなるでしょう。

3　上記1及び2についての将来見込み等

　事業承継対策を行う場合，上記1及び2までの現状の認識に応じた将来見込み等を予測することも大切とされます。

　事業承継による経営者の交代を契機に債務超過に陥ったり，売上の減少等に伴う業績悪化を最小限にとどめ，経営の安定化を図るためにも，会社の負債の額及び業界内での競争力などの現状を考慮した中長期的な展望にたった経営計画を作成するとともに，事業承継の時期及び具体的な対策を盛り込んだ事業承継計画を作成することは，事業承継を成功させるためにも大変重要な作業となります。

Q4　経営者自身の現状

　事業承継の手順（図表1-1）の《ステップ1》の現状の認識のうち，「③経営者自身の現状」を把握するためには，どのような点に留意すべきでしょうか。

A　経営者自身の現状を正確に把握するためには，①経営者の保有自社株式の数及び会社の株主構成，②経営者名義の土地建物等の保有状況，③経営者の

負債の有無及びその内容，④経営者の担保・個人保証の有無及びその内容等の現状によって，解決すべき事業承継の課題が異なります。

解説 ……………………………………………………………………

1　経営者の保有自社株式の数及び会社の株主構成

　わが国の企業数の約99％を占める中小企業においては，60歳以上の経営者は約4分の1にあたる約26％を占めており，特に創業者に限っていえば，約3分の1以上が60歳以上の経営者であり，世代交代期に直面しているといわれています。これら経営者の高齢化に伴う世代交代，いわゆる事業承継対策のポイントは「株式の承継」にあります。現在，これら中小企業では，経営者自身が大株主であり，その多くが高齢者となっています。これら経営者の相続の開始は，即，株式の承継問題を意味します。そこで，有効な株式の承継対策を行う場合には，経営者自身が保有している自社株式の数及び会社の株主構成などの現状を把握することが重要となります。

2　経営者名義の土地建物等の保有状況

　中小企業の中には，経営者名義の土地建物等を会社が賃貸借していたり，経営者所有の土地の上に会社が建物を建築し，無償返還の届出書を提出しているケースも多いと思われます。このようなケースでは，事業承継後に経営者の相続人と会社の間で，賃貸借契約の継続の手続が必要となりますし，相続税納税資金の捻出のため相続人から土地建物の買取りの申し出が発生する可能性もあります。

　そこで，経営者名義の土地建物の保有状況を把握することは，事業承継対策を検討するうえでは，重要なポイントとなります。

3　経営者の負債の有無及びその内容

　中小企業の経営者の中には，ゴルフ会員権などの個人財産を会社からの借入で購入しているケースもあると思われます。このようなケースでは，経営者の会社に対する借入金を精算しなければなりません。

　また，経営者が会社以外の金融機関から個人的に借入をしている場合でも，その借入金の返済問題を解決しなければ事業承継対策がスムーズに進まないと思われます。

　そこで，このように経営者の借入金などの負債の有無及びその内容の現状を把握し，事業承継を契機に退職金を支給することによって個人債務を精算することは，事業承継対策を検討するうえでは，重要なポイントとなります。

4　経営者の担保・個人保証の有無及びその内容等

　中小企業の場合には，経営者が自宅などの個人資産を担保に提供して会社の運転資金の借入を行ったり，リース契約などの個人保証を行っているケースが少なくありません。

　金融機関は，経営者の個人資産だけではなく，その経営力を評価して融資を行っている場合が多いため，形式的に経営者が交代しても後継者が担保・個人保証の引継ぎをスムーズにできないケースも生じてくると思われます。

　そこで，このように経営者の担保・個人保証の正確な現状を把握しておくことは，事業承継対策を検討するうえでは，重要なポイントとなります。

Q5　後継者候補の現状

事業承継の手順（図表1－1）の《ステップ1》の現状の認識のうち，「④後継者候補の現状」を把握するためには，どのような点に留意すべきでしょうか。

A　後継者候補の現状を正確に把握するためには，①親族内（子息・子女等）での後継者候補の有無，②社内での後継者候補の有無，③取引先での後継者候補の有無，④後継者候補の能力及び適正性等の判断，⑤後継者候補の年齢，経歴，経営に対する意欲等の判断等の現状によって，解決すべき事業承継の課題が異なります。

解説

　前述したQ2からQ4の解説で述べたように，「会社の経営資源の現状」，「会社の経営リスクの現状」及び「経営者自身の現状」を把握することが事業承継対策の解決の出発点となります。こうした現状把握に基づいて，中長期的な展望にたった事業承継計画を作成し，実行していくこととなります。

　なお，この事業承継計画を成功させるためには，後継者候補のリストアップ

から実際の確定までの作業が重要なポイントとなります。後継者候補のリストアップは，一般的に「親族内（子息・子女等）での後継者候補の有無」，次に「社内での後継者候補の有無」，最後に「取引先での後継者候補の有無」の順番で行われることとなるでしょう。

　そして，リストアップされた後継者候補については，経営者としての統率力，意思疎通能力，行動力，柔軟性などの現状の把握に基づいてその適正性の判断を行うこととなります。この場合において，後継者の年齢，経歴，そして会社経営に対する意欲等も後継者候補の重要な判断材料となります。

　なお，詳しい承継方法と後継者の確定についてのポイントは，「Ⅲ　承継方法及び後継者の確定」を参照して下さい。

Q6 相続発生時に予想される問題点の現状

事業承継の手順（図表1−1）の《ステップ1》の現状の認識のうち，「⑤相続発生時に予想される問題点の現状」を把握するためには，どのような点に留意すべきでしょうか。

A　相続発生時に予想される問題点を正確に把握するためには，①法定相続人及びその相互の人間関係等の現状，②株式保有状況等の相続問題の現状，③相続財産の特定，相続税額の試算及び納税方法等の現状によって，解決すべき事業承継の課題が異なることとなります。

解説 ....

1　法定相続人及びその相互の人間関係等の現状

　事業承継対策を成功させるためには，事前に相続紛争予防に向けた対策が必要となります。このためには，経営者の法定相続人の数を戸籍全部事項証明書等で確認し，法定相続人相互間の関係の現状を確認しておく必要があります。

2　株式保有状況等の相続問題の現状

　Q4の解説の「1　経営者の保有自社株式の数及び会社の株主構成」で記載したとおり，中小企業の事業承継の問題は，株式の承継の問題を意味すると言っても過言ではありません。これら株式の承継に伴い，次のような問題が発

生する可能性がありますので，株式保有状況等の相続問題の現状を把握してお
く必要があります。
①　相続人が多数存在することにより，株式が分散すること。
②　総会屋等の好ましくない者が株式を相続すること。
③　相続人がその経営権の維持・強化及び相続税の納税資金の確保を行わなけ
　　ればならないこと。

3　相続財産の特定，相続税額の試算及び納税方法等の現状

　事業承継対策を成功させるためには，相続税の課税対象となる相続財産及び
債務を特定することが大切となります。特に平成18年度税制改正により，相続
税の納税制度である物納・延納制度の適用が受けにくくなっており，相続税は
原則として現金で納税しなければなりません。

　また，平成30年度税制改正では，贈与・相続による事業承継を行う場合，①
納税猶予対象の株式の制限（発行済議決権株式総数の3分の2）が撤廃され，
相続税の納税猶予割合80％を100％に引き上げることにより，贈与・相続時の
納税負担が生じない制度とされ，②雇用確保要件が弾力化されるとともに，③
2名又は3名の後継者に対する贈与・相続に対象を拡大し，④経営環境の変化
に対応した減免制度を創設して将来の税負担に対する不安に対応する等の納税
猶予制度の特例制度が創設されました。

　今後，事業承継対策を検討するうえでも，平成30年度税制（後述する第4章
参照）の改正の内容は把握しておく必要があるでしょう。

Ⅲ　承継方法及び後継者の確定

Q7　親族内の事業承継

事業承継の手順（図表1−1）の《ステップ2》の承継方法及び後継者の確定のうち，「①親族内の事業承継」について教えて下さい。

A　後継者を決定する場合には，経営者として資質のある人を選ぶことが重要となります。経営者が後継者候補として考えるのは，親族でありその中でも子息・子女を中心とするケースが多いと思われます。

解説……………………………………………………………………………

「親族内の承継」とは，経営者である親からその子息・子女に事業を承継させる方法又は子息・子女以外の親族に事業を承継させる方法とに分かれます。

まず，子息・子女への事業承継は，20年以上前は約80％を占めるほど典型的な事業承継の方法でしたが，その割合が近年の少子高齢化の影響により，半分の約41％まで減少しているという問題点が生じています。

子息・子女以外の親族とは，例えば，兄弟で共同経営していた会社において経営者である兄が先に死去し，その後弟が後継者となる場合，経営者の甥や娘婿が後継者となる場合又は将来の子息・子女への事業承継の中継ぎとして配偶者が一時的に後継者となる場合などのケースが想定されます。

【図表7−1】事業承継の方法

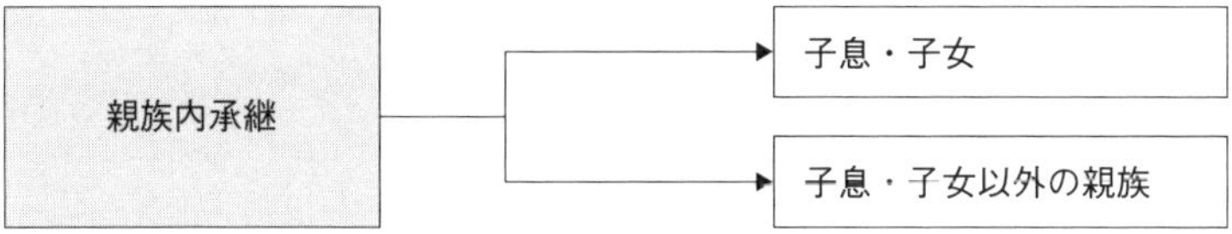

Q8　親族内承継の特徴

Q7における親族内承継によって後継者を決定する場合，どのような点に留意すべきでしょうか。

A　後継者に経営者として資質と自覚があるか否かが重要となります。

　親族内承継では，経営者からその子息・子女等への事業承継であるため，社内，取引先・金融機関及び現経営者の親族などの関係者が心情的に受け入れやすく，早期に後継者を確定することが可能となります。この場合，後継者教育の準備期間を十分確保し，経営者としての資質と自覚を磨き，現経営者をとりまく関係者の理解を深め，意思疎通を図ることが重要となります。

（法令・通達）　措法70の7の5，70の7の6

解説

　親族内承継のメリットは，経営者からその親族への事業承継であるため，親族内で遺恨等がない限り，関係者が心情的に受け入れやすい点にあります。現経営者の生前中，近辺で後継者候補を探せるため，早期に後継者を確定することができ，後継者教育の準備期間を十分確保することができます。また，親族外承継に比べ，後継者に対して事業承継に必要な自社株式及び事業用財産を相続及び生前贈与等により移転することも可能であるため，所有と経営の分離を回避することもできます。

【図表8－1】親族内承継のメリット・デメリット

区　分		内　容
親族内承継	メリット	① 内外の関係者が心情的に受け入れやすいこと。 ② 後継者を早期に決定し，後継者教育等の準備期間を十分確保できること。 ③ 相続・生前贈与等により株式及び事業用財産を後継者に移転可能であるため，所有と経営の分離を回避できること。
	デメリット	① 相続が発生した場合，遺留分など後継者とそれ以外の親族とで公平な財産分与の問題があること。 ② 相続人が複数いる場合における後継者の決定・経営権の集中が難しいこと。 ③ 親族内に経営能力と意欲を併せ持つ後継者候補がいるとは限らないこと。

　これに対して親族内承継のデメリットは，親族内に遺恨等がある場合，事業承継が円滑に行えない点にあります。とりわけ相続人が複数いる場合には，財産分与の際に事業承継に必要な自社株式及び事業用財産を後継者一人に集中できないことも想定され，後継者に経営権が集中できなくなるという問題も発生しますので，後継者以外の相続人との意思疎通を十分に行い後継者候補を決定する必要があるでしょう。また，親族内に経営能力と意欲を併せ持つ後継者候補がいるとは限らないため，親族外承継なども視野に入れた後継者候補の選択も必要となるでしょう。

　特に平成30年度税制改正では，非上場株式について「贈与税の納税猶予及び免除の特例（措法70の7の5）」又は「相続税の納税猶予及び免除の特例（措法70の7の6）」が平成30年1月1日から10年間の時限措置として創設されました。この特例制度を活用することによって，大株主である現経営者及び少数株主が所有している株式の承継時の親族内承継者の納税負担の軽減が期待できます。

　ただし，これら特例制度の適用を受けるためには，贈与税及び相続税の申告期限から5年間は1年ごとに納税地の税務署長に継続届出書及び都道府県知事に年次報告書を提出し，5年後は3年ごとに納税地の所轄税務署長に継続届出書の提出義務が現経営者等の死亡の時まで生じるため，特例制度の適用後の手続に時間とお金が発生することとなります。また，これら届出書等の期日までの提出が漏れた場合などの取消事由に該当すれば，納税猶予された税額を利子税を含めて納税しなければなりませんので，留意が必要とされます。

Q9　親族外の事業承継

事業承継の手順（図表1−1）の《ステップ2》の承継方法及び後継者の確定のうち，「②親族外の事業承継」について教えて下さい。

A　「親族外の事業承継」とは，親族以外の役員・従業員（社内）又は取引先及び金融機関からの出向者（社外）とに分かれます。親族以外の役員・従業員への承継は，社内での経験豊富な専務などの番頭格の役員及び今後の経営力等発展のために若手経営陣が承継する場合があります。取引先や金融機関からの出向者については，内部事情に関しては役員・従業員とまではいきませんが，

経験豊富な経営者としての能力がある者が承継する場合が想定されます。

解説 ……………………………………………………………………………………

　親族内に適切な後継者がいない場合には，選択肢として親族以外の役員及び従業員などの社内の者へ承継する方法又は取引先及び金融機関などの社外の者へ承継する方法，いわゆる「親族外承継」を選択適用することになります。

　まず，親族以外の役員及び従業員とは，社内で経験豊富な番頭格の役員が後継者となる場合又は今後の経営力等発展のために若手経営陣が後継者となる場合などが想定されます。

　取引先及び金融機関などの外部の者とは，会社内部事情に関しては役員及び従業員とまではいきませんが，経験豊富な経営者としての能力がある者が後継者となる場合が想定されます。また，親族外承継には，将来的な子息・子女への事業承継の中継ぎとして従業員又は出向者等の外部の者が一時的に後継者となる場合などが想定されます。

　なお，将来的な子息・子女への事業承継の中継ぎとして一時的に従業員等の親族外へ承継する場合もあり，さらにはMBOの活用も検討できます。「MBO」とは，会社の経営陣（いわゆるマネージメント）が事業の承継を前提として，所有者から株式を取得して経営権を取得することをいいます。後継者の経営能力と企業の将来性が評価されて金融機関から融資を受けたり，投資ファンドから出資を仰いだりして資金調達ができます。

【図表９－１】事業承継の方法

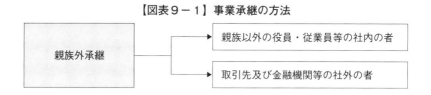

Q10　親族外承継の特徴

Q9における親族外承継によって後継者を決定する場合，どのような点に留意すべきでしょうか。

　後継者を決定する場合には，経営者として資質のある人を選ぶことが重

要となります。子息・子女に経営者としての資質と自覚がないと判断した場合又は親族に後継者として適切な人がいない場合は，社内の者又は事業をよく知っている社外の者から後継者の人材を探すという方法も選択肢の1つとなります。

解説 ···

　親族外承継のメリットは，多数の後継者候補の中から後継者を選定できるため，適任者と出会える可能性が高いことにあります。ここで重要なことは，次世代の育成に前もって取り組むことにより，後継者供給源である社内関係者の能力を向上させ，後継者選択の幅を拡げておくことにあります。また，社内関係者は仕事を通じて現経営者とともに時間を過ごしており，現経営者のもとで形成された企業理念を共有し，その継続を図りやすい立場にあるため，より確実に企業理念を引き継いでいくことができます。そればかりでなく，社内関係者にとっては経営参画へ向けての門戸開放が期待できるため，志気は高まり社内が活性化する効果も期待されます。

　これに対して親族外承継のデメリットは，社内，取引先・金融機関及び現経営者の親族などの関係者からすれば，現経営者個人の財産と債務を承継する立場である親族内の後継者と社内関係者である後継者との違いは明白であるため，これら関係者の理解を得ることが難しいことにあります。また，一般的に親族外承継を選択する場合における後継者については，資金力は乏しいケースが多

【図表10−1】親族外承継のメリット・デメリット

区　分		内　　　容
親族外承継	メリット	① 多数の候補者候補の中から選定できるため，適任者と出会える可能性が高いこと。 ② 現経営者のもとで形成された企業理念の継続が図られやすいこと。 ③ 経営参画へ向けての門戸開放が期待できるため，志気が高まり社内活性化の効果が期待できること。
	デメリット	① 社内，取引先・金融機関及び現経営者の親族などの関係者の理解を得ることが難しいこと。 ② 後継者の株式買取資金が乏しいと経営権の確立を図りにくいこと。 ③ 金融機関への債務保証と担保提供についての処理交渉の難航が想定されること。

いため，経営権の確立を図るだけの株式買取資金を準備しづらいというケース
が多く見受けられます。さらに，現経営者が事業資金を借り入れていた場合に
は，後継者について連帯保証人に加わることを求められることや後継者に代
わったとしても現経営者の連帯保証の解除交渉の難航が想定されます。

　なお，親族外承継を行う場合における後継者の決定は，現経営者に発言権及
び決定権があるうちに行うべきでしょう。

Q11　M&A

事業承継の手順（図表１−１）の《ステップ２》の承継方法及び後継者の確
定のうち，「③M&A」について教えて下さい。

A　「M&A」とは，企業の買収・合併・事業譲渡等のことを意味します。
後継者候補が親族内や社内にもいない場合に従業員の雇用維持や取引先との関
係・信用維持，経営者の老後の資金的保障などのため会社を売却し，第三者に
経営を任せる方法をいいます。

解説

　親族内承継又は親族外承継における後継者候補がいない場合には，従業員の
雇用維持，取引先との関係及び信用維持又は経営者の老後の生活資金の確保な
どのために会社を売却して，第三者に経営を任せる方法，いわゆる「M&A」
を選択適用することになるでしょう。

　M&Aとは，Merger & Acquisitionの略語で企業の買収・合併・事業譲渡等
のことを意味します。M&Aには，会社の全部を譲渡する方法と会社の一部を
譲渡する方法の２つに分かれます。特にM&Aの場合は自社に合う方法を選択
するとともに，自社株式等の評価について法務・財務・事業等多方面での精
査・分析の必要性から税理士などの専門家に相談する必要があります。

　M&Aは，元来，大企業などで行われていたものであるため，中小企業には
なじまないものとしてとられがちでしたが，近年，中小企業でも後継者問題を
解決する事業承継方法の１つとして浸透しています。

【図表11－1】事業承継の方法

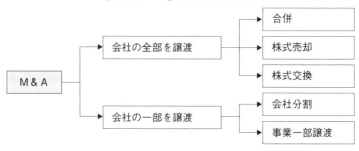

Q12　事業承継の方法の特徴

Q11におけるM＆Aを行う場合，どのような点に留意すべきでしょうか。

A　　親族内，親族外の者に後継者候補がいない場合には，従業員の雇用維持，取引先の仕事の確保及び経営者の老後の生活資金の確保等のために，会社そのものを売却して第三者に経営してもらうことも選択肢の1つとなります。

解説 ………………………………………………………………………………

　M＆Aのメリットは，従業員等の外部への承継よりもさらに広範囲に後継者候補を求めることが可能となることにあります。さらに会社の全部又は一部の売却を行うことにより，その対価として金銭又は他社の株式を取得できるため，その利益等を現経営者の老後の生活資金に充てることも可能となります。

　これに対してM＆Aのデメリットは，売り手である経営者における希望条件（現従業員等の雇用維持又は会社自体の売却価格など）を満たす買い手を見つけることが困難であることにあります。また，売却等をしたとしても，新経営者と現従業員等との経営の一体性を保つことも難かしいでしょう。さらに，M＆Aは，他の事業承継の方法に比べてより専門的な知識を要するため自社株式の評価などに税理士などの専門家のアドバイスが欠かせません。これら専門家に対する相談報酬等のコストの発生も考慮しておく必要があります。

【図表12-1】 M&Aのメリット・デメリット

区　分		内　　容
M&A	メリット	① 身近に後継者として適任者がいない場合でも，より広く候補者を外部に求めることができること。 ② 現経営者が会社売却等により利益を獲得できるため，経営者の老後の生活資金を確保できること。
	デメリット	① 売手経営者の希望条件（従業員の雇用維持や価格等）を満たす買い手を見つけるのが難しいこと。 ② 新経営者と現従業員等との経営の一体性を保つのが難しいこと。 ③ より専門的な知識を要するため，税理士などの専門家への相談報酬等のコストが発生すること。

Ⅳ　事業承継計画書の作成

Q13　事業承継対策のチェックリストの作成

事業承継計画を立案するにあたって，現状の認識，承継方法及び後継者の確定などの現況分析を行うためによい方法があれば教えて下さい。

A　中長期的な展望に立った事業承継計画書を作成するにあたり，その事前準備としてチェックリストを作成し，事業承継計画対策の実行に活用するとよいでしょう。

解説

　事業承継計画書の作成，後継者候補の選択の決定を行う場合には，「親族内承継」，「親族外承継」及び「M＆A」の3つの事業承継の方法について，それぞれのメリット・デメリットを把握し，会社の現状に合った方法を選択適用する必要があります。

　なお，実際の準備として，中長期的な展望に立った事業承継計画書を作成するにあたり，その事前準備として次に掲げるようなチェックリストを作成し，事業承継計画対策の実行に活用して下さい。

(1)　チェックリスト1（事業承継計画書の作成にあたって）

	チェック項目		チェック欄
会社の現状	経営資源の現状	① 会社の従業員の数及びその年齢を把握したか	
		② 会社の資産の額及びその内容を把握したか	
		③ 会社のキャッシュ・フローを把握したか	
		④ 上記①～③についての将来見込み等を把握したか	
	経営リスクの現状	① 会社の負債の額及びその内容を把握したか	
		② 会社の業界内での競争力はどうか	
		③ 上記①～②についての将来見込み等を把握したか	
	経営者自身の現状	① 保有自社株式の数及び会社の株主構成を把握したか	
		② 名義の土地建物等の保有状況を把握したか	
		③ 負債の有無及びその内容を把握したか	

会社の現状	後継者候補の現状	④	担保・個人保証の有無及びその内容等を把握したか	
		①	親族内（子息・子女等）での後継者候補の有無	
		②	社内での後継者候補の有無	
		③	取引先での後継者候補の有無	
		④	後継者候補の能力及び適正性等の判断	
		⑤	後継者候補の年齢・経歴・経営に対する意欲等の判断	
	相続発生時に予想される問題点	①	法定相続人とその相互の人間関係等を検討したか	
		②	株式保有状況等の相続問題を検討したか	
		③	相続財産の特定を行ったか	
		④	相続税額の試算は行ったか	
		⑤	納税資金の原資及び納税方法等を検討したか	
意思疎通	①	事業承継に関し，後継者候補に事情説明及び意思の確認を行ったか		
	②	事業承継に関し，相続人等の親族関係者の意見を聴取したか		
	③	事業承継に関し，役員及び従業員等の社内関係者の意見を聴取したか		
	④	重要な取引先等の理解を得たか		
	⑤	主要な金融機関等の理解を得たか		
承継方法等	①	親族内承継，従業員等承継，M&Aそれぞれの特徴やメリット・デメリットを把握したか		
	②	後継者を関係者総意の基に確定したか		
	③	チェックリストの移動	親族内から後継者を選択→チェックリスト2へ	
			従業員や社外等から後継者を選択→チェックリスト3へ	
			M&A方式を選択→チェックリスト4へ	
事業承継計画書の作成	①	中長期にわたる経営計画書を作成したか		
	②	経営計画書の検討事項	会社の現状の分析は終わったか	
			将来の市場の動向や経済の変化を予測したか	
			中長期にわたる経営ビジョンは決定したか	
			売上高や利益等の具体的な数値目標は決定したか	
	③	事業承継の具体的な時期は決定しているか		
	④	事業承継に向けて社内の意思統一はできているか		
	⑤	事業承継を実現するためのさまざまな課題を把握したか		
	⑥	上記に掲げた事項を盛り込んだ事業承継計画書の作成は完了したか		
	⑦	事業承継計画書を会社内外の関係者に公表するとともに理解を得たか		

（2）　チェックリスト2（親族内から後継者を選択する場合）

	チェック項目		チェック欄
関係者の理解	①	後継者を会社の重要な意思決定事項に関与させ，関係者との連携を持つ機会を与えたか	
	②	社内，主要な取引先や金融機関等に後継者であることを公表し，その理解を得たか	
	③	役員・従業員の世代交代を含め，後継者をサポートする新たな組織体制が確立しているか	
後継者教育	① 社内教育を実施したか	社内のあらゆる部門を経験させ，経験と知識を習得させたか	
		社内の責任ある地位に就任させ，重要な決定事項に関与することで，経営に対する責任感を自覚させたか	
		現経営者から経営哲学等を伝授してもらうとともに，後継者独自の経営哲学も関係者に理解してもらえたか	
	② 社外教育を実施したか	他社での勤務を経験させ，新たな人脈の形成や自社とは別の経営戦略を習得させたか	
		子会社や関連会社がある場合には，それらの会社の経営を任せ，営業面や財務面全般に責任を持たせたか	
		同業種や異業種を問わず，社外の人間と接する機会を多く設け幅広い視野を育てさせたか	
自社株・財産分与	① 自社株式の保有状況の把握と対策	株主構成・比率の確認，譲渡制限規定の有無を確認したか	
		分散している株式がある場合，その買取りを検討したか	
		従業員持株会を活用し，安定株主の確保及び自社株式の社外流出の防止を検討したか	
	② 後継者への生前贈与	贈与税の暦年課税制度の理解と活用を検討したか	
		相続時精算課税制度の理解と活用を検討したか	
		遺留分等民法の規定の理解や他の相続人に及ぼす影響を把握するとともにその検討をしたか	
		円滑化法の民法特例制度の理解と活用を検討したか	
	③ 納税猶予制度の活用	非上場株式等に係る贈与税の納税猶予及び免除の一般制度又は特例制度の活用を検討したか	
		非上場株式等に係る相続税の納税猶予及び免除の一般制度又は特例制度の活用を検討したか	
		令和5年3月31日までに特例承継計画の確認申請書（様式第21）を都道府県知事に提出し，確認書（様式第22）を取得しているか	
		納税猶予制度に係る適用要件を満たしているかの確認を検討したか	

自社株・財産分与	④ 遺言の活用	遺言制度のメリット・デメリットを理解してもらったか	
		他の相続人の遺留分その他遺言の作成及び活用上の留意点を理解してもらったか	
		公正証書遺言・自筆証書遺言の作成・活用を検討したか	
		信託銀行が取り扱っている遺言信託制度のメリット・デメリットの把握とその活用を検討したか	
	⑤ 会社法制度の活用	株式譲渡制限規定が自社にない場合は，規定の設置を検討したか	
		相続人に対する自社株の売渡請求規定の設置を検討したか	
		議決権制限株式を活用し後継者に経営権を集中させる策を検討したか	
		拒否権付種類株式（黄金株）を活用し後継者への経営権の移行時期を検討したか	
	⑥ 生命保険金の活用	納税資金の確保が困難な場合等に有効であるため，その活用を検討したか	
	⑦ 任意後見制度の活用	不測の事態に備えて任意後見人を選任しておくことを検討したか	

（3） チェックリスト3（従業員や社外等から後継者を選択する場合）

		チェック項目	チェック欄
関係者の理解	①	後継者を事前に自社の役員等として従事させているか	
	②	後継者を会社の重要な意思決定事項に関与させ，関係者との連携を持つ機会を与えたか	
	③	社内，主要な取引先や金融機関等に後継者であることを公表し，その理解を得たか	
	④	役員・従業員の世代交代を含め，後継者をサポートする新たな組織体制が確立しているか	
	⑤	現経営者の親族の意見を取り入れているか	
	⑥	現経営者及びその親族は，事業承継後も後継者をサポートするか	
後継者教育	① 社内教育を実施したか	社内のあらゆる部門を経験させ，経験と知識を習得させたか	
		社内の責任ある地位に就任させ，重要な決定事項に関与させることで，経営に対する責任感を自覚させたか	
		現経営者から経営哲学等を伝授してもらうとともに，後継者独自の経営哲学も関係者に理解してもらえたか	
	② 社外教育を実施したか	他社での勤務を経験させ，新たな人脈の形成や自社とは別の経営戦略を習得させたか	
		子会社や関連会社がある場合には，それらの会社の経営を任せ，営業面や財務面全般に責任を持たせたか	

				チェック欄
株式・財産の分配			同業種や異業種を問わず，社外の人間と接する機会を多く設け幅広い視野を育てたか	
	①	経営権の確保	株式等の経営権を一定割合後継者に集中させることを検討したか	
	②	種類株式の活用	議決権制限株式を活用し後継者に経営権を集中させる策を検討したか	
			拒否権付種類株式（黄金株）を活用し後継者への経営権の移行時期を検討したか	
	③	MBOの活用	MBO（マネージメント・バイ・アウト）制度の理解と活用を検討したか	
個人保証等	①		後継者に現経営者の個人債務及び保証の説明をしているか	
	②		現経営者の債務の返済・圧縮を検討したか	
	③		金融機関と折衝し，後継者の債務保証の軽減を検討したか	
	④		金融機関から新たな担保提供等の申し出がないよう折衝したか	
	⑤		後継者の負担をカバーする給与体系を検討したか	

（4）　チェックリスト4（M&A方式を選択）

			チェック項目	チェック欄
種類	①	会社全部を譲渡する方法	合併制度の理解とその留意点を検討したか	
			株式の売却制度の理解とその留意点を検討したか	
			株式交換制度の理解とその留意点を検討したか	
	②	会社一部を譲渡する方法	会社分割制度の理解とその留意点を検討したか	
			事業の一部譲渡制度の理解とその留意点を検討したか	
手続等	①	M&Aの手続の流れ	M&Aでは，準備段階→実行段階→M&Aという手順の理解ができているか	
			準備段階では，関係者等が外部に秘密を漏らさないことが最も重要であることが理解できているか	
	②	専門的な機関への相談	税理士・公認会計士・弁護士・金融機関・M&A専門業者等への相談を検討したか	
			売却の要望内容について，早めに仲介業者に伝え，自社の要望にあったM&Aの方法を検討したか	
	③	会社の営業面及び財務面等の整備	不良資産等を処分し，貸借対照表をスリムにしたか	
			業務の改善や無駄なコストの削減に努めたか	
			会社の「顔」となるセールスポイントが作れたか	
			個人オーナーと会社との線引きを確実にしたか	
			会社内のマニュアル・規程・契約書類等の整備を行ったか	
			従業員の管理・教育を徹底したか	
			株主の事前整理を行ったか	

手続等		「企業の磨き上げ」について検討したか	
	④　M&Aの実行	秘密保持契約書，基本合意書及び売買契約書等を順次締結したか	
		買い手企業が売り手企業であるわが社を精査したときに問題が発生しないよう「隠し事をしない」という必要性を理解しているか	
	⑤　ポストM&A	M&A実施後も経営統合が円滑に進むように気を配ることを理解しているか	
価格	自社株式の評価額を算定しその価値を検討したか		
	自社株式の評価額を目安として「企業の磨き上げ」を検討したか		

Q14　事業承継計画書の作成例

飲食店業甲社を営むA（甲社の創設者であり，甲社の代表取締役）は，自分自身の年齢（65歳）と甲社の将来を考え，長男のCに事業承継する決意を固めました。Aは，後継者候補であるCに事業承継することについて，親族，甲社の役員及び従業員と意見を交わすとともに，顧問税理士に相談して甲社の現況分析及びチェックリストの作成を行いました。
具体的な事業承継計画書の作成例について教えて下さい。

A　事業承継計画書とは，中長期の経営計画に，事業承継の時期，具体的な対策を盛り込んだものとされます。
　事業承継計画を立案するにあたっては，経営者をとりまく現状の認識を正確に把握し，その現況に応じた承継方法及び後継者候補の確定その他想定される事業承継の問題対策等を盛り込んだものを作成すべきでしょう。

解説 ……………………………………………………………………

　後継者候補の決定を行う場合には，「親族内承継」，「親族外承継」及び「M&A」の3つの事業承継の方法について，それぞれのメリット・デメリットを把握し，会社の現状に合った方法を選択適用する必要があります。
　また，いずれの方法も事業承継の計画・実行までを経営者が単独で決定することは難しいと考えられますので，税理士などの専門家に相談しながら中長期的な展望にたった経営計画書を作成し，これに基づく事業承継計画を立案し，その計画をステップアップしながら実行に移していくことが大切となります。
　具体的には，Q13に掲げた各チェックリストの項目をベースに，中長期的な

展望に立った事業承継計画書を作成するとよいでしょう。

　以下，事業承継計画書の具体的な作成例を示すこととします。

〔事業承継計画書の作成〕

<table>
<tr><th colspan="6">事業承継計画書</th></tr>
<tr><td colspan="6">1　現経営者及び事業の現状</td></tr>
<tr><td>企業名</td><td colspan="2">株式会社　甲社</td><td>住所</td><td colspan="2">東京都○○区○○町1－1</td></tr>
<tr><td>代表者</td><td colspan="2">A　（65歳）</td><td>資本金</td><td colspan="2">1,000万円</td></tr>
<tr><td>設立年月日</td><td colspan="2">昭和○○年○月○日</td><td>決算期</td><td>3月</td><td>従業員数 70人</td></tr>
<tr><td>業種</td><td colspan="5">飲食業</td></tr>
<tr><td>連絡先</td><td colspan="2">○○－○○○○－○○○○</td><td>URL</td><td colspan="2">http://www.○○○.××</td></tr>
<tr><td rowspan="2">承継対象業種</td><td>○</td><td>全部承継</td><td colspan="3">飲食業</td></tr>
<tr><td>×</td><td>一部承継</td><td colspan="3"></td></tr>
<tr><td rowspan="2">主な業務内容</td><td>○</td><td>全部承継</td><td colspan="3">飲食店舗の経営</td></tr>
<tr><td>×</td><td>一部承継</td><td colspan="3"></td></tr>
<tr><td>代表者の経歴 会社の沿革</td><td colspan="5">Aは○○大学卒業後，大手食品メーカーに就職，10年間勤務の後35歳で独立し飲食店を自ら経営し始めた。その後店舗展開を行い，現在は都内で10店舗の飲食店を経営している。好立地と質の高いサービスが消費者に受け入れられ，幅広い年齢層から支持を受けている</td></tr>
</table>

主要な販売先：相手先 一般客／回収条件 現金（%）100／手形（%）

主要な仕入先：相手先 ㈱○○ 現金100、㈱×× 100、㈲○× 100、㈱△△ 100、㈱○△ 100

2　事業承継に係る親族・事業関係者の現状

親族：
氏名	年齢	続柄	備考
A	65歳	本人	甲社の代表取締役
B	62歳	妻	甲社の専務取締役
C	35歳	長男	甲社の取締役営業部長
D	30歳	次男	甲社の経理課長
E	28歳	長女	銀行員（既に嫁いでいる）

関係者：
氏名	年齢	続柄	備考
F	63歳		甲社の常務取締役（Aとともに甲社を創業）
G	33歳		甲社の店舗統括部長（取締役候補）

3　事業承継に係る企業の現状

代表者の財産	種　類	評価額	種　類	評価額
	預貯金	1億5千万円	生命保険金	1億円
	土　地	2億円	銀行借入金	△1億円
	家　屋	5千万円		
	上場株式	5千万円		
	甲社株式	4億円		

【備考】
・負債は△表記している。
・生命保険金はAが死亡した場合の保険金である。
・甲社株式の評価額は今後も上昇する見込みである。

4　経営資産・経営環境等の現状

経営資産等	項　目	数値等	備　考
	社員数	70人	役員と従業員の合計人数である
	売上高	14億円	10店舗の年間売上計である
	総資産	10億円	不良債権はない
	経常利益	7千万円	上昇傾向にある
	銀行借入金	5億円	Aの自宅が担保提供されている

【業界の動向及び見通し等】
・飲食業の業界は競争が一段と激しくなるであろう。
・味，価格及びサービスのいずれの点においても業界No 1を目指す。
・市場調査を行い更なる店舗展開を視野に入れる。

5　後継者候補に関する事項

後継者候補	長男のC
後継者候補に関する現状	• Cは3年前まで別の飲食店に勤務しており，料理の技術・接客等を学んできたが，甲社での勤務期間が短く，社内での認知度は高いとは言えない。また，現場での経験を重視していたため，財務・人事の面での知識が乏しい。 • C本人の意欲は高く，リーダーとしての気質を備えている。 • 他の親族や関係者も後継者の候補者とすることに異論はない。

6　相続に関する事項

法定相続人	妻B，長男C，次男D，長女Eの4名	
遺言の有無	□　公正証書遺言　　□　自筆証書遺言　　☑　遺言なし	
株主構成	親族	A　80％，　B　7％，　C　5％，　D　5％
	その他	常務取締役Fが残り3％を所有している

その他留意点	・甲社には株式譲渡制限規定あり。 ・相続人に対する自社株の売渡請求の規定はない。 ・相続について親族間でトラブルが発生する可能性はない。 ・Aから親族への生前贈与は行っていない。 ・Aに係る相続税の試算は行っていない。

7　事業承継の概要・経営方針等

概要	現代表者	A（65歳）
	後継者	C（35歳）　現在は甲社の取締役営業部長
	承継方法	親族内の全部承継
	承継時期	5年後に代表者交代　現代表者のAは会長職へ
経営方針等	経営方針等	・お客様に満足して頂く食及びサービスの提供 ・市場の動向や資金繰りを考慮し計画的な店舗展開を図る
	目標数値	・5年後の総売上高…現在14億円　→　17億円 ・5年後の経常利益…現在7千万円　→　9千万円 ・店舗数…現在10店舗　→　12店舗

8　事業承継までの対策等

関係者の理解	・Cを後継者とすることは親族内・役員内では了承済み。 ・3年後より主要取引先にCが後継者となることを順次告知。 ・5年後に金融機関に対しCが後継者となることを告知。 ・Cが代表者となると同時にDは取締役へ就任，Bは退職。 ・Cが代表者就任後Aは会長職へ，10年後に甲社を退職。
後継者教育	・社外教育は経験済みである。 ・1年目，2年目は甲社の財務部門に配属する。 ・3年目，4年目は新店舗の総責任者として配属する。 ・Aと共に，若しくはAの代わりに各種セミナーやイベント等に積極的に参加し社外との接点を強くする。
個人財産分配	・Bに，土地・家屋（自宅）を取得させる。 ・個人契約分の生命保険金の受取人はBである（変更はない）。 ・Dには上場株式と預金5千万円を取得させる。 ・Eには預金5千万円を取得させる。 ・Cには自社株式（80％分）と預金5千万円を取得させる。 ・銀行借入金はCが引き継ぐが，Aが早期の返済・減額を図る。
相続対策	・令和5年3月31日までに特例承継計画の確認申請書（様式第21）を都道府県知事に提出し，確認書（様式第22）を取得する。 ・早急に公正証書遺言を作成する。 ・自社株式の相続人に対する売渡請求規程を設置する。 ・贈与税の暦年課税制度又は相続時精算課税制度を有効に活用する。 ・5年以内にFから自社株式（3％）を甲社で取得する（金庫株の活用）。
その他	・5年かけてCの人となりや経営方針等を社内に浸透させる。 ・従業員のアイデアや提案，お客様の声を積極的に取り入れ，時流に乗った経営を目指す。 ・顧問税理士や顧問弁護士等の専門家の知恵を今以上に活用する。

9　事業承継までの事業計画				（単位：千円）
	X 1 期	X 2 期	X 3 期	X 4 期	X 5 期
売上高	1,400,000	1,450,000	1,550,000	1,650,000	1,700,000
売上原価	420,000	435,000	465,000	495,000	510,000
売上総利益	980,000	1,015,000	1,085,000	1,155,000	1,190,000
販管費	900,000	932,000	1,025,000	1,085,000	1,088,000
営業利益	80,000	83,000	60,000	70,000	102,000
営業外収益	6,000	6,000	6,000	6,000	6,000
営業外費用	16,000	13,000	16,000	18,500	18,000
経常利益	70,000	76,000	50,000	57,500	90,000
特別利益	0	0	5,000	0	100,000
特別損失	0	0	12,000	15,000	150,000
法人税等	28,000	32,000	18,000	17,000	16,000
当期純利益	42,000	44,000	25,000	25,500	24,000

【備考】
・上記事業計画書は翌期以後5年間の計画書である。
・X3期及びX4期は，各期1店舗ずつの出店を予定している。
・X5期が事業承継期とし，Aへの役員退職金を1億5千万円，保険契約の解約返戻金1億円を各々特別損益項目としている。

10　代表取締役からの補足事項

　第1号店を手探りでオープンして以来30数年，今では10店舗の店を構えるまでに成長しました。幾多の危機を乗り越えて今日まで経営してこられたのは，従業員の皆様の支え，関係各所からの応援，お客様の支持があったおかげです。誠に有難うございました。

　私はこの度，長男のCに事業承継を行うことを決意しました。実行するまでには少々時間（5年後）がありますが，是非，Cを皆様の力で支えて頂き，わが社の更なる発展を切望しております。

　この度の事業承継計画に皆様のご理解とご支援を宜しくお願い致します。

令和○○年○月○日
東京都○○区○○町1－1
株式会社　甲社
代表取締役　A　　（印）

Q15　事業承継対策のタイムテーブルの作成

Q14で作成された事業承継計画書を確実に実行するための「ものさし」となるタイムテーブルの作成例について教えて下さい。

A　中長期的な展望にたった事業承継計画書をステップアップしながら確実に実行していくために，タイムテーブルを作成すべきでしょう。

解説

　事業承継までの事業計画，会社の現況，現経営者の現況及び後継者の現況の認識に基づく事業承継計画書をステップアップしながら確実に実行していくために，右に掲げるようなタイムテーブルを作成し，事業承継計画対策の実行に活用して下さい。

〔事業承継対策のタイムテーブルの作成〕

項目		現在	1年目	2年目	3年目	4年目	5年目	6年目	7年目	8年目	9年目	10年目
事業の計画	売上高	14億円	→			17億円					→	20億円
	経常利益	7千万円	→			9千万円					→	1.2億円
	総資産	10億円	→			11億円					→	12億円
	社員数	70人	→			100人					→	140人
会社	定款 株式 その他		相続人に対する売渡請求の導入	特例承継計画の確認申請書の提出		Fからの金庫株取得	役員の刷新（注1）					
現経営者A	年齢	65歳	66歳	67歳	68歳	69歳	70歳	71歳	72歳	73歳	74歳	75歳
	役職	代表取締役				→	会長		→	相談役	→	引退
	関係者の理解	家族会議	社内に計画発表		取引先に告知		金融機関に告知					
	株式 財産の分与		公正証書遺言（注2）	都道府県知事の確認			株式を一括贈与	都道府県知事の確認				
	持株数（%）	80%				→	0%					
後継者C	年齢	35歳	36歳	37歳	38歳	39歳	40歳	41歳	42歳	43歳	44歳	45歳
	役職	取締役営業部長	取締役財務部長	→		取締役総務部長	代表取締役					→
	教育 社内	営業責任	財務責任	→		新店舗責任	→					
	教育 社外	経験済み	税務セミナー参加	→		経営セミナー参加	→					
	持株数（%）	5%					85%					
							贈与税の納税猶予の特例	事業継続要件（株式継続保有・雇用維持・代表権保持等） →					
								民法特例に係る除外合意等					

補足	（注1）　妻Bが専務取締役を退任し，次男Dが取締役に就任。
	（注2）　妻Bには土地・家屋（自宅），次男Dには上場株式と預金5千万円，Cには自社株式（80%分）と預金5千万円を相続させる旨を記載。

スタッフへのアドバイス

個人の事業用資産に係る相続税の納税猶予及び免除制度

　平成30年度税制改正では，中小企業経営者の高齢化に伴う世代交代に向けた集中取組期間（10年間）の時限措置として非上場株式に係る相続税・贈与税の納税猶予及び免除の特例制度が創設されました。

　平成31年度税制改正では，個人事業者についても，高齢化が急速に進展する中で，円滑な世代交代を通じた事業の持続的な発展の確保が喫緊の課題となっていることを踏まえ，現行の事業用小規模宅地特例との選択適用を前提に，10年間の時限措置として個人事業者の事業用資産に係る相続税・贈与税の新たな納税猶予及び免除制度が創設されました（措法70の6の8〜同法70の6の10）。

　なお，個人の事業用資産に係る相続税・贈与税の納税猶予及び免除制度（以下「本制度」といいます。）の基本的考え方は，次に掲げるとおりとされます。

① 　現行の事業用小規模宅地特例との選択適用を前提に，10年間の時限措置
　（注）　貸付事業（アパート，駐車場等）は，現行の小規模宅地特例においても事業用とは別区分であり，本制度の対象外

② 　法人の事業承継税制と同様，承継計画を作成して確認を受ける仕組み

③ 　法人の事業承継税制と同様，担保を提供し，納税猶予取消しの場合は猶予税額及び利子税を納付

④ 　事業承継後は，事業・資産保有の継続要件が設けられ定期的に確認

⑤ 　事業用の宅地，事業用の建物及び一定の減価償却資産（注）が対象とされ，税額の猶予割合は100%
　（注）　建物以外の減価償却資産は，固定資産税又は営業用として自動車税若しくは軽自動車税の課税対象とされているもの等

⑥ 　事業用宅地の面積上限（400㎡）及び事業用建物の面積上限（800㎡）を設定

⑦ 　債務控除を使った制度の濫用を防止するため，債務控除に関する措置を設定

第2章
親族内の事業承継

```
Ⅰ 親族内承継の環境整備
```

Q16 環境整備の重要性

製造業を営むM社の創業者である経営者A（62歳）は，職人気質が強く，将来のM社の事業承継の方法について全く自分の意思表示をしませんでした。ある日，Aが脳梗塞で倒れ意識不明となってしまい，そのまま死亡してしまいました。その後，M社で働いていたAの弟B（57歳）と次男C（32歳）の間で社長の座を巡る争いが表面化し，M社の経営が傾く結果となってしまいました。
そこで，親族内承継を行うために必要な環境整備について教えて下さい。

A 親族内承継をスムーズに行うためには，①後継者の選定及び事業承継の基盤作り，②承継に向けた関係者の理解，③後継者教育，④株式・財産等の分配といった環境整備が必要になります。

解説 ……………………………………………………………………………

中小企業では，親族内承継が行われているケースが多いことから，この承継をスムーズに行うにあたっては，①後継者の選定及び事業承継の基盤作り，②承継に向けた関係者の理解，③後継者教育，④株式・財産等の分配といった環境整備が必要になります。

1 後継者の選定及び事業承継の基盤作り

後継者を選定する場合において，相続人が複数いるときには，現経営者は経

営能力・経営意欲等を考慮し，特定の人物を後継者とする明確な対応が求められます。そのためには，後継者候補との意思疎通や相互関係を深める必要があるでしょう。また，承継後を見据えた役員・従業員の世代交代など，後継者をサポートする体制を早期に決定することが望まれます。

2　承継に向けた関係者の理解

　後継者が決定した後は，親族，従業員，取引先及び金融機関などの自社内外の関係者に事業承継の説明を行い，理解と協力を得られるようにすべきでしょう。特に社内の役員・従業員から現経営者の2代目としてではなく，企業の後継者として受け入れられることが理想です。後継者と役員・従業員とのトラブルで企業存続が危ぶまれるということもあります。後継者がリーダーシップを発揮できるように，役員・従業員の世代交代を同時進行で行うことも有効でしょう。なお，後継者以外の相続人に対する配慮を怠ると，必要な財産を後継者に集中することが困難となりますので，留意して下さい。

3　後継者教育

　後継者が経営に必要な能力・知識を習得することも必要となります。中小企業の場合には，経営者自らがすべての現場を取り仕切るための多方面の能力・知識が要求されるケースも少なくありません。しかし，これら能力・知識は短期間で習得できるものではありませんので，後継者を選定した後，後継者教育に十分な時間をかけ，経営者としての資質に磨きをかけながら，事業承継に備えるべきでしょう。この後継者教育は，「社内での教育」と「社外での教育」の2つに区分されます。

4　株式・財産等の分配

　事業承継によって，後継者は現経営者からその地位を自動的に承継できますが，経営権は自動的に承継できません。関係者の理解を得た有能な後継者が決定したとしても，経営権を持たなければ，安定した経営を図ることは困難となります。そのためには，後継者以外の相続人への配慮をしながら，贈与，遺言，そして会社法に規定された種類株式等を活用し，後継者への株式等の事業用資産の集中を図ることが重要となります。

Ⅱ　後継者教育

Q 17　後継者教育とは

親族内承継では，後継者を早期に確保できるというメリットがありますが，後継者を選択した後に必要な後継者教育について教えて下さい。

A　後継者教育とは，選定した後継者に経営者としての資質を備えさせるために会社内外で教育を行うことをいいます。

現経営者は，後継者に「経営理念」及び「経営者という仕事の魅力」を伝えることが重要となります。

解説

　後継者教育とは，後継者が経営に必要な統率力，意思疎通能力，行動力，柔軟性などの能力・知識を習得することをいいます。中小企業の場合，経営者自らがすべての現場をとりしきるため多方面の能力と知識が要求されます。しかし，これら知識・能力は短期間で習得できるものではありません。そこで，後継者を選定した後，十分な時間をかけ，経営者としての資質に磨きをかけながら，来るべき事業承継に備えることが重要となります。この後継者教育は，「社内での教育」と「社外での教育」の2つに区分されます。

1　社内での教育

　役員・従業員においては，「後継者は仕事ができて当たり前，できなければ困る」と考えているケースが多いのではないでしょうか。親族が後継者であれば，比較的早くから自社の営業，工場，経理，総務など各分野をローテーションさせ，会社全体を見渡すことにより，経験と必要な知識を習得させ，仕事に精通させることが可能でしょう。つまり，後継者のプレーヤーとしての能力を磨くことが重要となります。

　また，自社内で管理職として，後継者のマネジメント能力を発揮させる機会を与えることも重要となります。経営の一端を担うことで責任感も醸成され，現経営者と後継者がともに経営に携わることで，現経営者から後継者に対して

経営全般の直接指導を行うことができます。この場合において，「経営理念」そして「経営者という仕事の魅力」を伝えることが社内での教育の最大のポイントとなります。

2　社外での教育

「かわいい子には旅をさせよ」という諺がありますが，社外での教育の1つに他社での就業（武者修行）があります。他社で働くことによって自社では経験できない体験ができ，自社に関連する企業で働くことにより業界事情を学ぶこともできます。他社で就業することにより後継者は，社外との交渉や社内の管理といった経営ノウハウを学んだり，自社と他社を比較することにより視野を拡大し，自社を相対的にみる機会を得るという効果も期待できます。

ただし，他社就業を行う場合には，5年程度の短期間のケースが多く，管理職までは経験できません。そこで，子会社・関連会社等があるときには，これらの経営を任せてみて，経営者としての実践を経験させるのも1つの方法でしょう。これにより，経営者としての責任感を植え付けることができるとともに，後継者の経営者として手腕と資質を見極める機会にもなるでしょう。

また，後継者を対象とした外部機関によるセミナーを活用し，幅広い知識の習得，幅広い視野の育成を図ることも有効となるでしょう。

【図表17-1】 後継者教育

区　分	ポ イ ン ト	効　　果
社内での教育	各分野の仕事を担当させる	経験と必要な知識の習得
	管理職を担当させる	経営に対する責任感
	現経営者が直接指導を行う	経営理念の伝承
社外での教育	他社で働く	経営ノウハウ・視野の拡大
	関連会社の経営を任せる	経営感覚を養う
	セミナーを活用する	知識の習得・視野の拡大

Ⅲ　株式及び財産の分配方法

Q18　どのような分配方法があるのか

親族内承継では，後継者が円滑に経営できるだけの株式と，経営者個人の名義となっている事業用資産を集中させることが重要とされますが，現経営者から後継者への株式及び財産の分配方法について教えて下さい。

A　後継者に経営権を持たせるために，他の相続人に配慮しながら株式等の事業用資産を集中させる必要があります。また，株式が分散している場合には，可能な限り株式の買取り等の方法を検討することによって事業承継対策を行うべきでしょう。

（法令・通達）　相法21〜21の7，21の9〜21の18，措法70の2，70の2の2，70の2の3，70の2の4，70の2の5，70の2の6，70の7，70の7の5，民法968，969，970，997①，信託法3二，会社法108①三・八，174

解説

　株式及び財産の分配については，後継者が円滑に経営できるだけの株式と，経営者個人の名義となっている事業用資産を集中させること，そして，これを実行するための遺留分の制約を含めた後継者以外の相続人への配慮の2点がポイントとなります。

　また，既に株式が分散しているときは，後継者が買取りするのか，会社が金庫株として取得するのかを検討し，後継者への経営権の集中を検討する必要があります。さらに，株式や事業用資産の価格を把握し，贈与税・相続税の税負担を試算したうえで，中長期的な展望にたった事業承継計画書を作成し，その分配の時期及び方法を慎重に決定しなければなりません。

　なお，具体的な株式及び財産の分配方法は，図表18−1のとおりとなります。

【図表18-1】株式及び財産の分配方法

区　分		制　度　の　概　要
生前贈与の活用	暦年課税制度 （相法21～21の7，措法70の2の4）	贈与を受けた財産の価額の合計額が110万円を超える場合に，累進税率により課税（注1）。
	相続時精算課税制度 （相法21の9～21の18）	60歳以上の親から20歳以上の子又は孫に特別控除枠2,500万円，特別控除枠を超える部分は一律20％の税率で課税（注2）（注4）。
	直系尊属から住宅取得等資金の贈与を受けた場合の贈与税の非課税制度（措法70の2）	直系尊属からの贈与により取得した住宅取得等資金のうち，住宅資金非課税限度額（1,500万円又は1,000万円）までの金額について贈与税が非課税。 なお，この特例は，暦年課税制度又は相続時精算課税制度における従来の非課税枠に併せて適用。
	贈与税の納税猶予及び免除の一般制度（措法70の7）	経済産業大臣の認定を受けた後継者に対する非上場株式等に係る贈与税額の全額を免除する（注3）。
	贈与税の納税猶予及び免除の特例制度（措法70の7の5）	「特例承継計画の確認申請書（様式第21）」に記載された都道府県知事の確認を受けた後継者に対して贈与された非上場株式等に係る贈与税額の金額の納税を猶予及び免除
	直系尊属から教育資金の贈与を受けた場合の贈与税の非課税制度（措法70の2の2）	受贈者1人当たり1,500万円（学校以外の者に対して支払われるものは500万円）を限度として贈与税が非課税。
	直系尊属から結婚・子育て資金の一括贈与を受けた場合の贈与税の非課税（措法70の2の3）	受贈者1人当たり1,000万円（結婚に際して支出する費用については300万円）を限度として贈与税が非課税。
遺言書の活用	自筆証書遺言 （民法968）	遺言者が遺言の全文を自筆で作成。相続後の開封時に裁判所の「検認」が必要（注6）。
	公正証書遺言 （民法969）	公証人という専門家が作成する遺言。公証人役場に出向いて作成し，作成に一定のコストがかかる。
	秘密証書遺言 （民法970）	遺言者が作成した遺言に署名押印し，封筒に入れ封印。相続後の開封時に裁判所の「検認」が必要。
	遺言信託 （信託法3二）	主に信託銀行が，遺言書の作成相談，保管及び定期的な照会等，相続発生後は遺言内容に基づいて執行。

会社法の活用	議決権制限株式 （会社法108①三）	株主総会において議決権を行使することができる事項について制限されている株式。
	拒否権付種類株式 （黄金株） （会社法108①八）	株主総会等の決議のほか，種類株主を構成員とする種類株主総会の決議で，特定の事項に拒否権を有する。
	相続人に対する売渡請求（会社法174）	定款の定めにより譲渡制限会社を相続した相続人に対して，相続株式を会社に売り渡すことを請求できる。
生命保険制度の活用		先代経営者の財産の大部分が自社株式など事業用資産であり，現預金が少ない場合の納税資金として活用。
任意後見制度の活用		認知症及び知的障害などで判断能力が低下した場合の会社経営及び事業承継対策の意思決定に有効。

（注１）　平成25年度税制改正により，平成27年1月1日以後の贈与により取得する財産に係る贈与税については，「特例贈与財産に係る贈与税率の特例（措法70の2の5）」及び「一般贈与財産に係る贈与税率（相法21の7）」の規定が適用されます。

（注２）　平成25年度税制改正により，平成27年1月1日以後の贈与により取得する財産に係る贈与税については，「相続時精算課税制度（措法70の2の6）」に係る受贈者の範囲に20歳以上である孫（現行推定相続人のみ）」が追加されるとともに，贈与者の年齢要件が60歳以上の親に引き下げられました（相法21の9①④）。

（注３）　平成25年度税制改正により，平成27年1月1日以後の贈与により取得する財産に係る贈与税については，「贈与税の納税猶予及び免除の一般制度（措法70の7）」に係る後継者の親族外承継が可能とされるとともに，雇用継続要件の緩和などが行われました。

（注４）　平成29年度税制改正により「相続時精算課税制度」と「贈与税の納税猶予及び免除の一般制度」の併用が可能とされました（旧措法70の7③，措法70の7②五）。

（注５）　平成29年4月1日より窓口が経済産業局から申請企業の主たる事務所が所在している都道府県に変更となりました（円滑化政令2）。

（注６）　平成31年1月13日以後に作成される自筆証書遺言については，自筆証書にパソコン等で作成した財産目録を添付したり，金融機関の通帳のコピー及び不動産登記事項証明書等を財産目録として添付することが可能とされました（民法968①〜③，997①）。

Ⅳ　生前贈与の活用

Q 19　暦年課税制度

図表18－1の生前贈与の活用のうち，暦年課税制度によって後継者への財産移転を行おうと思いますが，暦年課税制度の概要について教えて下さい。

A　暦年課税制度では，1月1日から12月31日までの1年間に贈与された財産の総額から基礎控除額（110万円）を控除した贈与部分に累進税率による贈与税が課税されることとなります。生前贈与を活用すれば，現経営者の相続財産を減らすことができるとともに，後継者の事業承継に必要な株式及び事業用財産を確実に渡せることとなります。

なお，株式及び土地等の贈与価額は変動するため，贈与する時期を考慮すべきでしょう。また，相続開始前3年以内の贈与財産については，贈与時の価額で相続財産に加算して相続税を計算しなければなりません。

（法令・通達）　相法21の6，措法70の2の4

解説 ……………………………………………………………………

現経営者の生存中に，推定相続人などに株式及び事業用資産を贈与した場合には，その贈与を受けた推定相続人は，暦年課税制度による贈与税を負担することとなります。

暦年課税制度では，各年の1月1日から12月31日までの1年間（暦年）ごとに基礎控除額（110万円）を超える贈与部分に累進税率による贈与税が課税されることとなります。

この贈与を受けた受贈者は，その贈与を受けた年の翌年2月1日から3月15日までに受贈者の住所地の所轄税務署長に贈与税の申告書を提出し，納税を行わなければなりません。なお，相続開始前3年以内の贈与部分があれば，その価額が相続財産に加算され，その加算された贈与財産に対応する贈与税額が相続税額から控除されます。そこで，後継者に暦年課税制度によって株式等を生前贈与する場合には，価額の高い財産を一度に贈与しようとすると，累進税率の関係で高い贈与税が課税されることとなりますので，承継しようとする株式

や事業用資産を長期間にわたって暦年贈与していくことで，本制度を上手に活用すべきでしょう。

Q20　贈与税の税率

平成27年1月1日以後の贈与税の税率について教えて下さい。

A　直系尊属から20歳以上（令和4年4月1日以後は，18歳）の者に対する贈与の税率（以下「特例贈与財産に対する贈与税の税率の特例」といいます。）又は特定贈与財産に対する贈与税の税率の特例に掲げる事由に該当しない贈与により取得した財産（以下「一般贈与財産」といいます。）に対する贈与税の税率に区分して適用されます。

（法令・通達）　措法70の2の4①②，相法21の7，平成25年度改正法附則10②

解説 ……………………………………………………………………………………

特例贈与財産に対する贈与税の税率の特例又は一般贈与財産に対する贈与税の税率は，次のとおりです。

1　特例贈与財産に対する贈与税の税率の特例

平成27年1月1日以後に直系尊属からの贈与により財産を取得した者（その年1月1日において20歳以上（令和4年4月1日以後は，18歳）の者に限ります。）のその年中のその財産（以下「特例贈与財産」といいます。）に係る贈与税の速算表は，図表20-1のとおりとされます（措法70の2の4①，平成25年度改正法附則10②）。

なお，その年1月1日において20歳以上の者が，贈与により財産を取得した場合において，その年の中途においてその贈与をした者の直系卑属となったときは，直系卑属となった時前にその贈与をした者からの贈与により取得した財産については，特例贈与財産に対する贈与税の税率の特例適用はないものとされます（措法70の2の4②）。

2　一般贈与財産に対する贈与税の税率構造

平成27年1月1日以後の贈与により取得する財産に係る贈与税について，一

般贈与財産における贈与税の速算表は，図表20−2のとおりとされます（相法21の7，平成25年度改正法附則10②）。

【図表20−1】 特例贈与財産に対する贈与税の速算表
（平成27年1月1日以後）

基礎控除及び配偶者控除後の課税価格	税率	控除額
200万円以下	10%	
400万円以下	15%	10万円
600万円以下	20%	30万円
1,000万円以下	30%	90万円
1,500万円以下	40%	190万円
3,000万円以下	45%	265万円
4,500万円以下	50%	415万円
4,500万円超	55%	640万円

【図表20−2】 一般贈与財産に対する贈与税の速算表
（平成27年1月1日以後）

基礎控除及び配偶者控除後の課税価格	税率	控除額
200万円以下	10%	
300万円以下	15%	10万円
400万円以下	20%	25万円
600万円以下	30%	65万円
1,000万円以下	40%	125万円
1,500万円以下	45%	175万円
3,000万円以下	50%	250万円
3,000万円超	55%	400万円

Q21 相続税の税率

平成27年1月1日以後の相続税の税率について教えて下さい。

A 平成27年1月1日以後の相続税については，最高税率が50%から55%へ引き上げられ，税率構造も6区分から8区分とされました。

（法令・通達） 相法16，平成25年度改正法附則10①

解説

　平成27年1月1日以後の相続又は遺贈により取得する財産に対する相続税の速算表は，図表21-1のとおりとされます（相法16，平成25年度改正法附則10①）。

【図表21-1】相続税の税率速算表
　　　　　　　　（平成27年1月1日以後）

課税価格	税率	控除額
1,000万円以下	10%	
3,000万円以下	15%	50万円
5,000万円以下	20%	200万円
1億円以下	30%	700万円
2億円以下	40%	1,700万円
3億円以下	45%	2,700万円
6億円以下	50%	4,200万円
6億円超	55%	7,200万円

Q22　相続対策としての暦年課税制度の活用

　資産家である甲社のA社長は，自分が元気なうちに長男であるBに事業承継を行いたいと考えています。
　そこで，相続対策としての暦年課税制度を活用した生前贈与の活用について教えて下さい。

A　生前贈与によって，相続時の資産を減らすことが可能となります。ただし，暦年課税制度における贈与税の累進税率は相続税に比べて高いので，その財産をいくら移転させるかをよく吟味する必要があります。

　また，生前贈与は贈与者及び受贈者の当事者間の合意で成立するため，事業用資産である株式又は不動産など事業承継に必要な財産をピンポイントに移転させることが可能となります。この場合，相続人間における遺留分の問題が生じる可能性があります。

解説

　「生前贈与」とは，本人が生存している間に将来の相続人などに資産を贈与

することをいいます。

　生前贈与をしないで相続が発生した場合には，一般的に相続財産が減ることなく相続税がかかることとなります。また，相続人間において相続財産の分割上のトラブルが生じる可能性があります。

　しかし，生前贈与をすると相続時の相続財産を少なくすることが可能となり，相続人間による資産の分割におけるトラブルを回避することが期待できます。特に，事業用資産である会社の株式や不動産などを事業承継者に生前贈与することは，将来のトラブルを未然に防ぐ効果だけではなく，事業承継者が早い段階で事業用資産を活用できるという点で，事業承継上も大変有効だと考えられます。

　ただし，贈与税率は相続税率に比べて累進税率が高くなっているので，その贈与する資産の内容，価額，数量，時期などを総合的に判断する必要があります。また，将来的に遺留分の問題が発生する可能性についても十分留意する必要があります。

　なお，平成27年1月1日以後の暦年課税制度における贈与，遺贈又は相続に係る贈与税・相続税の主な相違点を比較すると図表22-1のとおりとされます。

【図表22-1】贈与税・相続税の主な相違点の比較（平成27年1月1日以後）

	暦年課税制度における贈与（選択）		相続税
	特例贈与財産	一般贈与財産	
基礎控除額（非課税枠）	暦年間110万円（注） （注）　年110万円の非課税枠内は申告不要		3,000万円＋600万円×法定相続人の数
税率	最高55% 8段階の累進税率 （図表20-1参照）	最高55% 8段階の累進税率 （図表20-2参照）	最高55% 8段階の累進税率 （図表21-1参照）
対象者	贈与者の直系卑属である受贈者（その年1月1日において20歳以上（注）の者に限定）	左記以外の受贈者（年齢・親子関係などの制限は原則なし）	相続人

（注）令和4年4月1日以後は，18歳

【具体的な計算例】

〔ケース1：特例贈与の場合〕

　①　課税価格（基礎控除額控除後）が1,000万円の場合の贈与税額

　　　●贈与税の課税価格

1,000万円×30％－90万円＝210万円
② 課税価格（基礎控除額控除後）が1,000万円の場合の相続税額
● 相続税の課税価格
1,000万円×10％＝100万円
③ 差額
①－②＝110万円

〔ケース2：一般贈与の場合〕
① 課税価格（基礎控除額控除後）が1,000万円の場合の贈与税額
● 贈与税の課税価格
1,000万円×40％－125万円＝275万円
② 課税価格（基礎控除額控除後）が1,000万円の場合の相続税額
● 相続税の課税価格
1,000万円×10％＝100万円
③ 差額
①－②＝175万円

Q23　相続時精算課税制度

図表18－1の生前贈与の活用のうち，相続時精算課税制度によって後継者へ
の財産移転を行おうと思いますが，相続時精算課税制度の概要について教え
て下さい。

A　相続時精算課税制度は，60歳以上の親から20歳以上（令和4年4月1日
以後は，18歳）の子又は孫に贈与した財産に係る贈与税の課税価格から2,500
万円が控除されますが，その贈与財産の贈与時の時価相当額が相続財産として
課税されます。
　なお，相続時精算課税を選択適用した場合には，その贈与者からの贈与につ
いて暦年課税制度が適用できなくなります。

（法令・通達）　相法21の9〜21の18

解説 ･･･

　贈与により財産を取得した受贈者は，暦年課税制度に代えて，相続時精算課税制度の適用を受けることを選択できます。

　相続時精算課税制度は，20歳以上（令和4年4月1日以後は，18歳）の子又は孫^(注)が60歳以上の親又は祖父母から受ける贈与について，贈与時に軽減された贈与税を納付（贈与時の特別控除の枠は累積で2,500万円を限度として複数年にわたって使用し，特別控除の枠を超える部分は一律20％の税率で課税）し，相続時にその贈与により取得した財産の価額と相続又は遺贈により取得した財産の価額とを合計した価額を課税価格として計算した相続税額（3,000万円に法定相続人1人につき600万円を加えた金額を相続税の基礎控除として課税価格から控除して計算）から，既に納付した相続時精算課税における贈与税の税額に相当する金額を控除した金額をもって，その納付すべき相続税額とします。この場合，相続税額から控除しきれない贈与税の税額に相当する金額については，還付を受けることができます。なお，相続時精算課税制度を選択すると，その選択の撤回はできないため，その後の同一の贈与者からの贈与はすべて相続財産に合算されることとなります。

　相続時精算課税制度の選択は，相続税がかからない（相続財産価額と相続時精算課税における贈与財産の価額との合計額が相続税の基礎控除額以下）者について，特別控除枠である2,500万円までの多額の金銭等を早期に贈与する場合に有効活用できます。また，生前贈与した株式等の財産の評価額が相続開始時までに上昇すれば，値上がり分に対する相続税の負担を回避できることとなります。

(注)　平成25年度税制改正により，平成27年1月1日以後の贈与により取得する財産に係る贈与税については，「相続時精算課税制度（措法70の2の5）に係る受贈者の範囲に20歳以上である孫（現行推定相続人のみ）」が追加されるとともに，贈与者の年齢要件が60歳以上の親に引き下げられました（相法21の9①④）。

　相続時精算課税制度の仕組みは，図表23−1のとおりとされます。

【図表23－1】相続時精算課税制度の仕組み（法定相続人：子1人）

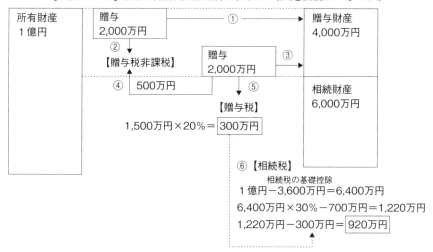

【相続税納付のケースの説明】

① 所有財産1億円のうち，2,000万円を相続時精算課税制度により贈与することとしました。

② 贈与された2,000万円は，贈与税の特別控除の枠の範囲内であるので贈与税は非課税とされます。

③ 残りの所有財産8,000万円のうち，2,000万円を贈与することとしました。この場合，上記①のように一度相続時精算課税制度により贈与を行えば同一の者からは暦年課税制度による贈与は受けられません。

④ 贈与された2,000万円のうち，相続時精算課税制度による特別控除の枠2,500万円から既に上記②で控除した金額2,000万円を控除した残額500万円が非課税とされます。

⑤ 上記④の贈与税の特別控除の枠を超える部分1,500万円に対して，税率20％で贈与税300万円が課税されます。

⑥ 相続開始の時における残存財産6,000万円と上記①及び③の相続時精算課税制度を適用した贈与財産の価額4,000万円とを合計した10,000万円を相続税の課税価格として計算（相続税の基礎控除額は3,000万円＋600万円×1人＝3,600万円）した相続税額1,220万円から，既に上記⑤で納付した相続時精算課税制度における贈与税の税額300万円を控除した金額920万円をもって，納

付すべき相続税額とされます。

Q24　相続時精算課税制度と暦年課税制度との税負担の比較

資産家であるＡ（65歳）は，自分が元気なうちに一人息子であるＢ（28歳）に財産を贈与したいと考えています。そこで，相続対策としての相続時精算課税制度又は暦年課税制度を活用して生前贈与を行った場合の贈与税及び相続税の税負担の差額について教えて下さい。

A　「生前贈与の活用」は，後継者への財産移転として最も確実な方法です。税負担を考慮して，暦年課税制度と相続時精算課税制度のどちらの制度が有利であるかを判断する必要があります。

解説

60歳以上の親又は祖父母から20歳以上（令和4年4月1日以後は，18歳）の子又は孫に生前贈与する場合には，相続時精算課税制度（特別控除2,500万円・税率20％）と暦年課税制度（基礎控除110万円・累進税率）の選択が可能とされています。

これら制度の選択適用を行う際には，次の判断ポイントにより贈与税及び相続税の税負担の有利・不利の判断を検討しながら，贈与財産の種類や金額，贈与回数を決定すべきでしょう。

①　相続時精算課税制度を選択すると，その選択の撤回はできないため，その後の同一の贈与者からの贈与はすべて相続財産に合算されます。
②　相続時精算課税制度を選択しない場合には，暦年課税制度が適用されることとなり，各年ごとに基礎控除額（110万円）を超える贈与部分に累進税率による贈与税が課税されることとなります。また，相続開始前3年以内の贈与部分があれば，その価額が相続財産に加算され，その加算された贈与財産に対応する贈与税額が控除されます。

そこで，これらの判断ポイントを踏まえて，相続時精算課税制度を選択した場合と暦年課税制度を選択した場合における贈与時の贈与税及び相続税の税負担を，ケースごとに分けて比較検討することとします。

〔ケース1〕
① 所有財産価額：3,600万円（うち生前2,500万円一括贈与）
② 相続財産価額：1,100万円（贈与後10年経過後に相続開始）
③ 法定相続人：子1人（相続税の基礎控除額は3,000万円＋600万円×1人＝3,600万円）

		相続時精算課税制度	暦年課税制度
贈与税	課税価格の計算	2,500万円－2,500万円（特別控除）＝0円	2,500万円－110万円（基礎控除）＝2,390万円
	税額の計算	0円	2,390万円×45％－265万円＝810.5万円
相続税	課税価格の計算	1,100万円＋2,500万円（精算課税分）＝3,600万円	1,100万円
	税額の計算	3,600万円－3,600万円（基礎控除）＝0円	1,100万円＜3,600万円（基礎控除）∴ 0円
税負担の合計額		0円	810.5万円

【実務上の留意点】
　相続時精算課税制度を選択した場合には，贈与税及び相続税の負担は0円となります。これに対して，暦年課税制度を選択した場合には，贈与税は基礎控除額（110万円）を超える贈与部分に対して810.5万円課税され，相続税は基礎控除（3,000万円＋600万円×法定相続人の数）以内であるため0円となり，相続時精算課税制度を選択すれば有利となります。

　そこで，相続時精算課税制度の利用は，相続税がかからない（相続財産価額と相続時精算課税における贈与財産の価額との合計額が相続税の基礎控除額以下）者について，特別控除額である2,500万円までの，多額の金銭等を早期に贈与する場合に有効活用できると考えられます。ただし，平成27年1月1日以後における「相続税の基礎控除」の引下げ（改正前：5,000万円＋1,000万円×法定相続人の数）などの税制改正が行われた場合には，将来思わぬ相続税の負担が生じる可能性もありますので留意して下さい。

〔ケース2〕
① 所有財産価額：1億円（うち生前毎年250万円を10年間贈与）
② 相続財産価額：7,500万円（最初の贈与後11年目に相続開始）
③ 法定相続人：子1人（相続税の基礎控除額は3,000万円＋600万円×1人＝3,600万円）

		相続時精算課税制度	暦年課税制度
贈与税	課税価格の計算	250万円×10年間≦2,500万円（特別控除）　∴　0円	250万円−110万円（基礎控除）＝140万円
	税額の計算	0円	140万円×10％×10年間＝140万円
相続税	課税価格の計算	7,500万円＋2,500万円（精算課税分）＝10,000万円	7,500万円＋250万円×3年（3年以内贈与分）＝8,250万円
	税額の計算	10,000万円−3,600万円（基礎控除）＝6,400万円 6,400万円×30％−700万円＝1,220万円	8,250万円−3,600万円（基礎控除）＝4,650万円 4,650万円×20％−200万円＝730万円 730万円−14万円×3年＝688万円
税負担の合計額		1,220万円	140万円＋688万円＝828万円

【実務上の留意点】

　相続時精算課税制度を選択した場合には，贈与税は特別控除の枠内であるため0円となりますが，相続税は1,220万円課税されます。これに対して，暦年課税制度を選択した場合には，各年の贈与税は14万円（10年間で合計140万円），相続税は相続前3年以内の贈与を加味すると688万円課税され，贈与税と相続税の税負担の合計は828万円となり，暦年課税制度を選択する方が有利となります。

　そこで，暦年課税制度において連年贈与を行った場合には，各年の贈与税の基礎控除額（110万円）部分は，相続前3年以内の贈与分を除き，相続税の課税対象とならないため，相続税・贈与税を通じて相続時精算課税制度を選択するより税負担が少なくなる可能性があることに留意して下さい。

〔ケース3〕

①　所有財産価額：3億円（うち生前1億円一括贈与）

　　（注）　相続開始の時に生前贈与財産1億円が2億円に値上がりした場合

②　相続財産価額：2億円（贈与後10年経過後に相続開始）

③　法定相続人：子1人（相続税の基礎控除額は3,000万円＋600万円×1人＝3,600万円）

		相続時精算課税制度	暦年課税制度
贈与税	課税価格の計算	10,000万円－2,500万円（特別控除）＝7,500万円	10,000万円－110万円（基礎控除）＝9,890万円
	税額の計算	7,500万円×20％＝1,500万円	9,890万円×55％－640万円＝4,799.5万円
相続税	課税価格の計算	20,000万円＋10,000万円（精算課税分）＝30,000万円	20,000万円
	税額の計算	30,000万円－3,600万円（基礎控除）＝26,400万円 26,400万円×45％－2,700万円＝9,180万円 9,180万円－1,500万円（精算課税分）＝7,680万円	20,000万円－3,600万円（基礎控除）＝16,400万円 16,400万円×40％－1,700万円＝4,860万円
税負担の合計額		1,500万円＋7,680万円＝9,180万円	4,799.5万円＋4,860万円＝9,659.5万円
生前贈与しなかった場合の相続税		（30,000万円＋10,000万円）－3,600万円（基礎控除）＝36,400万円 36,400万円×50％－4,200万円＝14,000万円	

【実務上の留意点】

　生前贈与した財産の評価額が相続開始時までに1億円上昇した時において相続時精算課税制度を選択した場合には，贈与税は1,500万円，相続税は7,680万円課税され，贈与税と相続税の税負担の合計は9,180万円となります。これに対して，暦年課税制度を選択した場合には，贈与税は4,799.5万円，相続税は4,860万円課税され，贈与税と相続税の税負担の合計は9,659.5万円となります。

　また，生前贈与しなかった場合には，値上がり分が相続税に上乗せされ，相続税は14,000万円となり，相続時精算課税制度を選択すればもっとも有利となります。そこで，相続時精算課税制度を選択した場合，生前贈与した財産の評価額が相続開始時までに上昇すれば，値上がり分に対する相続税の負担を回避できることとなります。しかし，相続開始時までに評価額が下落する可能性がある財産には相続時精算課税制度は選択すべきではありません。

〔ケース4〕

① 所有財産価額：5億円（うち生前1億円一括贈与）

　（注）　相続開始の時に生前贈与財産1億円が2億円に値上がりした場合

② 相続財産価額：4億円（贈与後10年経過後に相続開始）

③ 法定相続人：子1人（相続税の基礎控除額は3,000万円＋600万円×1人＝3,600万円）

		相続時精算課税制度	暦年課税制度
贈与税	課税価格の計算	10,000万円－2,500万円（特別控除）＝7,500万円	10,000万円－110万円（基礎控除）＝9,890万円
	税額の計算	7,500万円×20％＝1,500万円	9,890万円×55％－640万円＝4,799.5万円
相続税	課税価格の計算	40,000万円＋10,000万円（精算課税分）＝50,000万円	40,000万円
	税額の計算	50,000万円－3,600万円（基礎控除）＝46,400万円 46,400万円×50％－4,200万円＝19,000万円 19,000万円－1,500万円（精算課税分）＝17,500万円	40,000万円－3,600万円（基礎控除）＝36,400万円 36,400万円×50％－4,200万円＝14,000万円
税負担の合計額		1,500万円＋17,500万円＝19,000万円	4,799.5万円＋14,000万円＝18,799.5万円
生前贈与しなかった場合の相続税		（50,000万円＋10,000万円）－3,600万円（基礎控除）＝56,400万円 56,400万円×50％－4,200万円＝24,000万円	

【実務上の留意点】

　前述した〔ケース3〕のように生前贈与した財産の評価額が相続開始時までに1億円上昇した場合でも，所有財産価額が5億円である者については，暦年課税制度を選択する方が有利となる場合もあります。

　そこで，相続開始時までに評価額が上昇する財産を贈与する場合でも，相続時精算課税制度を選択するか，暦年課税制度を選択するかの判断は慎重に行うべきでしょう。

Ⅴ　遺言書の活用

Q25　遺言の種類

小売業を営む甲社の代表取締役Ａの資産総額は十数億円であり，その内訳は現預金，自宅，甲社株式，事業用不動産（甲社へ貸付）及び甲社貸付金（事業用資金）とされています。

Ａの法定相続人は妻Ｂ，長男Ｃ，次男Ｄ，長女Ｅであり，兄弟間の不仲が最大の心配の種で，生前贈与によって株式・事業用資産等の分割がスムーズに行えそうにありません。そこで，Ａは生前に遺言書を作成しようと考えていますが，遺言書の種類とその特徴点について教えて下さい。

A　親族内での事業承継においては，現経営者の存命中から，生前贈与等を活用して株式・事業用資産等の分割を進めておくことが重要ですが，さまざまな理由から生前中には十分な分配が実施できない場合もあります。

　このような場合には，相続時に自筆証書遺言，公正証書遺言，秘密証書遺言及び遺言信託のいずれかを活用して事業承継を行うことができます。

　なお，事業承継における株式・事業用資産等の分割には，公正証書遺言が最適でしょう。

（ 法令・通達 ）　民法968〜970，1004

解説

　民法に定める遺言の方式には普通の方式として「自筆証書遺言」，「公正証書遺言」及び「秘密証書遺言」があります。

1　自筆証書遺言

　「自筆証書遺言（民法968）」とは，遺言者が遺言の全文を自筆で作成するものとされます。

　他人に遺言内容が洩れる心配がないこと，簡単に作成することができること及び作成コストがかからないなどのメリットがあります。

　しかし，法律で定められた形式を満たさない遺言は無効であり，偽造及び紛失等の危険性があるため，相続発生後に相続人間で争いとなるケースもあるの

で，財産の種類の少ない等の単純な遺言の内容の場合に利用すべきであると考えられます。

　なお，自筆証書遺言は，その全文を自書しなければならないとされており，その厳格な方式が遺言者の負担となってその利用が進んでいない現況にありました。そこで，平成31年1月13日以後に作成される自筆証書遺言については，自筆証書にパソコン等で作成した財産目録を添付したり，金融機関の通帳のコピー及び不動産登記事項証明書等を財産目録として添付することが可能とされました（民法968②）。

2　公正証書遺言

　「公正証書遺言（民法969）」とは，公証人という専門家が作成する遺言とされます。原則として，公証人役場に出向いて作成し，遺言作成に立ち会う2名の証人（相続人等の利害関係者以外）が必要である等，遺言作成に一定のコストがかかります。公証人が作成に関与するため，無効になる可能性が低く，偽造および紛失の恐れもないことから相続発生後に相続人間で争いとなるケースも少ないと思われます。

3　秘密証書遺言

　「秘密証書遺言（民法970）」は，遺言者が作成した遺言に署名押印し，その遺言を封筒に入れ，遺言に用いた印章をもって封印したものを，公証人1人と証人2人以上の前に提出して，自己の遺言書である旨並びにその筆者の氏名及び住所を申述し，公証人は，その証書を提出した日付及び遺言者の申述を封紙に記載した後，遺言者及び証人とともにこれに署名押印します。

　秘密証書遺言は，簡易に作成でき，秘密も保てる「自筆証書遺言」と公証人に遺言書の存在を証明してもらえる「公正証書遺言」のメリットをとった方式のように見えますが，遺言の内容を公証人は確認していないためその遺言が無効になる可能性もあり，裁判所の「検認」が必要となります（民法1004）。

　また，公正証書遺言と違って作成した遺言を公証役場で保管してくれませんので，事業承継のために遺言書を活用する際には一定の手間はかかりますが，公正証書遺言を作成することが最適だと思われます。

4　遺言信託

　「遺言信託」とは，主に信託銀行で取り扱っている業務で，その内容としては，遺言書の作成相談，保管及び定期的な照会等を行うとともに，相続発生後は遺言内容に基づいてその執行を行うものです。通常，遺言信託で作成される遺言は公正証書遺言とされます。

　第三者の関与により遺言執行の確実性を高めることになりますので，遺言信託を利用することについて検討するのもよいでしょうが，信託銀行への手数料は，目安として相続財産の総額が1億円の場合に約200万円，5億円の場合には約540万円程度となっているようですので，割高な手数料の負担感をどう考えるかが利用のポイントとなるでしょう。

Q 26　遺言の活用

親族内での事業承継においては，現経営者の存命中から，生前贈与等を活用して株式及び財産等の分配を進めておくことが重要ですが，さまざまな理由から生前中には十分な分配が実施できない場合もあります。
このような場合には，相続時に遺言を活用して事業承継を行うことができますが，この遺言の活用と実務上の留意点について教えて下さい。

A　「遺言書の活用」は，後継者に株式・事業用資産を集中することが可能な方法とされます。

　遺言の方法には，主に自筆証書遺言と公正証書遺言があります。公正証書遺言は自筆証書遺言に比べて手間や費用がかかりますが，遺言が無効になる可能性が低く，信頼性があります。ただし，生前贈与や遺言を行うにあたっては，遺留分に留意する必要があります。

解説 ....

　親族内での事業承継を行うために遺言を活用することは，相続争いや手間のかかる分割協議を避け，またオーナーの意思を明確に後継者に伝えることができるため非常に有効な手段とされます。

　遺言によりすべての財産の分割方法を決めておくことにより，遺産分割協議書を作成する必要もなくなり後継者に株式や事業用資産を集中させることがで

きますが，後継者以外の相続人の遺留分に対する配慮が必要とされます（遺留分については第7章Iを参照して下さい）。他の相続人の遺留分を侵害すると遺言の執行がうまくいかなくなる原因となりますので，分配の際に遺留分に留意するようにし，できれば遺言を作成する前に相続人全員にオーナーの意思を伝え遺言の内容についても説明しておくとよいでしょう。

　なお，遺言を作成することにより図表26－1にあるようにさまざまなことが可能となりますが，特に遺言執行者（遺言書に書かれている内容を執行する権利を持つ人）を指定しておくことが重要とされます。

【図表26－1】遺言書の作成によってできる内容

区分	遺言書の作成によってできる内容
身分関係	認知
	後見人・後見監督人の指定
財産処分関係	遺贈
	寄附行為
相続関係	遺留分侵害方法の指定
	相続人の排除・排除の取消し
	相続分の指定・指定の委託
	遺産分割方法の指定・指定の委託
	特別受益者の持戻しの免除
	遺留分割の禁止
	遺言執行者の指定・指定の委託
	信託の設定
	相続人相互の担保責任の指定

Q27 自筆証書遺言の方式緩和

改正前の民法における自筆証書遺言では，その全文を自書しなければならないとされており，その厳格な方式が遺言者の負担となってその利用が進んでいない現況にありました。

そこで，平成30年7月6日に「民法及び家事事件手続法の一部を改正する法律（平成30年法律第72号）」が成立し，自筆証書遺言の方式が緩和されたそうですが，その内容について教えて下さい。

　自筆証書にパソコン等で作成した財産目録を添付したり，金融機関の通

帳のコピー及び不動産登記事項証明書等を財産目録として添付することが可能
となります。

(法令・通達) 民法968①～③，997①

解説 ··

　自筆証書によって遺言をするには，遺言者が，その全文，日付及び氏名を自
書（自ら書くことをいいます。）して，これに押印することとされていました
（民法968①）。

　改正された民法では，前述した規定にかかわらず，自筆証書にこれと一体の
ものとして相続財産（「相続財産に属しない権利を目的とする遺贈が有効であ
る場合における権利（民法997①）」を含みます。）の全部又は一部の目録（以
下「財産目録」といいます。）を添付する場合には，その目録については，自
書することを要しないこととされます。この場合において，遺言者は，その目
録の毎葉（自書によらない記載がその両面にある場合にあっては，その両面）
に署名押印しなければなりません（民法968②）。つまり，自書によらない記載
が用紙の片面のみにある場合には，その面又は裏面の1か所に署名押印をすれ
ばよいのですが，自書によらない記載が両面にある場合には，両面にそれぞれ
署名押印する必要があります。押印について特別な定めはありませんので，本
文で用いる印鑑とは異なる印鑑を用いることも可能とされます。

　また，自筆証書（財産目録を含みます。）中の加除その他の変更は，遺言者
が，その場所を指示し，これを変更した旨を付記して特にこれに署名し，かつ，
その変更の場所に印を押さなければ，その効力を生じないこととされます（民
法968③）。

　なお，自筆証書遺言の方式の緩和の改正は，平成31年1月13日以後に作成す
る自筆証書遺言について適用され，平成31年1月12日以前に作成する自筆証書
遺言については，なお従前の例によることとされます（平成30年7月13日改正
民法附則1二，6）。

　そこで，平成31年1月12日以前に新しい方式に従って自筆証書遺言を作成し
ても，その遺言は無効となりますので注意して下さい。

【図表27－1】　自筆証書遺言の方式の緩和

区　分	改　正　前	改　正　後
自筆証書	全文自筆で作成	全文自筆で作成
財産目録	全文自筆で作成	全文自筆で作成
		パソコンで作成（注）
		金融機関の通帳のコピーの添付（注）
		不動産登記事項証明書のコピーの添付（注）

（注）　毎葉に署名押印が必要とされます。

Q28　財産目録の作成

自筆証書遺言を作成しようと考えていますが，その作成の際における留意点について教えて下さい。

A　遺贈等の目的となる財産が多数に及ぶ場合等に財産目録が作成されることになるものと考えられますが，その形式及び遺言書へ添付する方法については決まりはありません。

解説

遺言書では，「○○をAに遺贈する。」とか「△△をBに相続させる。」といった記載方法が見受けられます。遺言者が多数の財産について遺贈等をしようとする場合には，本文に「別紙財産目録1記載の財産をAに遺贈する。」とか「別紙財産目録2記載の財産をBに相続させる。」と記載して，別紙として財産目録1及び財産目録2を添付する方法が考えられます。

財産目録の形式は，署名押印のほかには特段の定めはありませんので，遺言者本人がパソコン等で作成したり，遺言者以外の人が作成することも可能とされています。また，金融機関の通帳のコピーを添付したり，不動産登記事項証明書のコピーを添付することも可能とされています。いずれの場合であっても，財産目録の各頁に署名押印する必要がありますので注意して下さい。

なお，自筆証書に財産目録を添付する方法については，特別な定めはありませんので，本文と財産目録とをステープラー等でとじたり，契印したりすることは必要ではありません。ただし，改正された民法における自筆証書遺言の方式の緩和については，自筆証書に財産目録を「添付」する場合という規定とな

りますので，自書によらない財産目録は本文が記載された自筆証書とは別の用紙で作成される必要がありますので留意して下さい。

〔具体的な記載例：自筆証書遺言の方式の緩和〕
1　遺言書本文（全て自書）

遺　言　書

1　私は，私の所有する別紙目録第1記載の不動産を，長男甲野一郎
（昭和○年○月○日生）に相続させる。

2　私は，私の所有する別紙目録第2記載の預貯金を，次男甲野次郎
（昭和○年○月○日生）に相続させる。

3　私は，上記1及び2の財産以外の預貯金，有価証券その他一切の
財産を，妻甲野花子（昭和○年○月○日生）に相続させる。

4　私は，この遺言の遺言執行者として，次の者を指定する。
住　　所　　○○県○○市○○町○丁目○番地○
職　　業　　弁護士
氏　　名　　丙山太郎
生年月日　　昭和○年○月○日

令和○年2月1日

住　　所　　○○県○○市○○町○丁目○番○号

甲　野　太　郎　　　㊞

2　別紙目録（署名部分以外は自書でなくても可）

物　件　等　目　録

第1　不動産

　1　土地
　　所　　在　　○○市○○区○○町○丁目
　　地　　番　　○番○
　　地　　積　　○○平方メートル

　2　建物
　　所　　在　　○○市○○区○○町○丁目○番地
　　家屋番号　　○番○
　　種　　類　　居宅
　　構　　造　　木造瓦葺2階建
　　床 面 積　　1階○○平方メートル
　　　　　　　　2階○○平方メートル

第2　預貯金
　1　○○銀行○○支店　　普通預金　　口座番号○○○

　2　通常貯金　　　　　　　　　記号○○○　　番号○○○

　　　　　甲　野　太　郎　　㊞

（注1）　遺言者本人がパソコン等で作成したり，遺言者以外の人が作成することも可能とされています。
（注2）　金融機関の通帳のコピーを添付したり，不動産登記事項証明書のコピーを添付することも可能とされています。
（注3）　財産目録の各頁に署名押印する必要がありますので注意して下さい。

Ⅵ 会社法の活用

Q 29 議決権制限株式

株式会社甲社は製造業を営む資本金5千万円の同族会社であり，株式は社長A氏がすべて所有しています。A氏の長男B氏は甲社の専務取締役，次男C氏は甲社の取締役を務めています。

A氏の主な相続財産は，甲社株式のみで，2人は会社の経営に関して意見が対立することが多く頭を悩ませています。

そこで，甲社株式を議決権制限株式として生前贈与したいと思いますが，その概要について教えて下さい。

A 相続財産のほとんどが株式である場合には，相続争いにより株式が分散され，後継者以外の相続人が株式を取得することにより会社の経営に悪影響を及ぼすことがしばしば見受けられます。会社が継続した発展を遂げるためには，経営権を後継者に集中し経営を安定させることが重要とされます。

そこで，後継者に経営権を集中しつつ，非後継者にも相続財産を残す方法として種類株式の一形態である議決権制限株式の活用が有効と思われます。経営権をより集中させるためには完全無議決権株式を活用するとより効果的となるでしょう。

（法令・通達） 会社法108①

解説 ……………………………………………………………………………

「議決権制限株式」とは，種類株式の一形態であり株主総会において議決権を行使することができる事項について制限されている株式とされます（会社法108①三）。非公開会社にあっては，この議決権制限株式の発行数に制限はありません。

なお，基本的に株主が有する権利としては，①剰余金の配当を受ける権利（会社法108①一），②残余財産の分配を受ける権利（会社法108①二），③株主総会における議決権（会社法108①三）の3つがあり，このうちの議決権に制約をかけたものが議決権制限株式とされます。したがって，議決権制限株式を発行する場合には，議決権に制約がかけられたことにより毀損する株主価値を

他の権利の強化により補塡するのが一般的であり，議決権制限株式に配当優先権を付与して発行する事例が多く見受けられます。

　事業承継の場面においても，議決権制限株式には配当優先権を付与することにより，議決権制限株式を相続する非後継者に対しても一定の説得力が得られるものと考えられます。この場合において，後継者は，相続後会社を発展させ安定した経営を図ると共に，毎期配当を出せるように努めれば非後継者の理解も得やすいのではないでしょうか。また，経営権をより集中させるためには，すべての決議について議決権を行使することができない完全無議決権株式を発行すれば，より効果的となるでしょう。

Q30　議決権制限株式の活用方法

Q29において，甲社株式を議決権制限株式として事業承継対策を行いたいと考えていますが，議決権制限株式の発行手続等の活用方法について教えて下さい。

A　議決権制限株式を発行することで後継者以外の相続人に議決権制限株式を相続させ，後継者に議決権のある株式を集中させることが可能になります。

　議決権制限株式を発行するためには，種類株式の発行手続として株主総会の特別決議により定款変更を行う必要があります。

　また，遺言書により普通株式は後継者に，議決権制限（無議決権）株式は非後継者に相続する旨を定めておくべきでしょう。

解説

　議決権制限株式の発行は，種類株式の発行手続に従い，次の事項を定款で定める必要があります。なお，この定款の定めは登記事項とされます。
① 株主総会において議決権を行使することができる事項
② 当該種類の株式につき議決権の行使の条件を定めるときは，その条件
③ 発行可能種類株式総数
　また，新たに種類株式を発行する場合には，株主総会の特別決議（議決権の過半数を有する株主が出席し，出席した株主の議決権の3分の2以上の賛成）にて定款変更を行う必要があります。なお，議決権制限株式を発行する際には，

遺言書により普通株式は後継者に，議決権制限（無議決権）株式は非後継者に相続する旨を公正証書遺言によって定めておくべきでしょう。

Q31　拒否権付種類株式（いわゆる黄金株）

株式会社甲社は飲食店のチェーン店を営む資本金１億円の同族会社であり，株式は社長Ａ氏が70％，後継者である取締役Ｂ氏（40歳）が20％，その他親族以外の株主10％の所有状況となっています。Ａ氏は元気なうちにＢ氏に甲社株式を生前贈与しようと考えていますが，Ｂ氏の年齢が若く経験不足も心配の種となっています。

そこで，甲社株式の一部を拒否権付種類株式として，残りを生前贈与しようと思いますが，その概要について教えて下さい。

A　拒否権付種類株式（黄金株）を経営者が保有することで，後継者の経営を牽制する効果が期待できます。したがって，事業承継においては，経営を事業承継者に譲り，事業承継者の自主性を尊重する一方，オーナーは拒否権付種類株式を所有することにより，特定の重要事項に関して，会社経営を監視し，会社経営の健全化に係るサポートを行うことが可能とされます。

（法令・通達）　会社法108①八

解説

「拒否権付種類株式（黄金株）」とは，株主総会等において決議すべき事項のうち，その株主総会の決議のほか，その種類の株式の種類株主を構成員とする種類株主総会の決議があることも必要とする種類株式とされます（会社法108①八）。種類株主は特定の事項について拒否権を有する状態となることから，「黄金株」ともいわれています。

会社法においては，拒否権付種類株式についてのみ譲渡制限を行うことができるようになりましたので，利用しやすくなったといえます。拒否権付種類株式を所有する種類株主は，積極的に経営の意思決定を行うことはできませんが，特定の事項について拒否権を有することにより，経営を監視することができます。

したがって，事業承継においては，経営を事業承継者に譲り，事業承継者の自主性を尊重する一方，オーナーは拒否権付種類株式を所有することにより，

特定の重要事項に関して，会社経営を監視し，会社経営の健全化に係るサポートを行うことが可能とされます。

【図表31−1】拒否権付種類株式（黄金株）

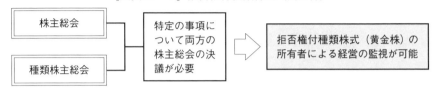

Q 32　拒否権付種類株式（いわゆる黄金株）の活用方法

Q31において，甲社株式について拒否権付種類株式（黄金株）を利用して事業承継対策を行いたいと考えていますが，拒否権付種類株式の発行手続等の活用方法について教えて下さい。

A　拒否権付種類株式（黄金株）を発行するためには，種類株式の発行手続として株主総会の特別決議により，種類株主総会の決議が必要な特定の事項及び発行可能種類株式総数を定めた定款変更を行う必要があります。

　また，拒否権付種類株式（黄金株）を経営者が手放す場合には，後継者に信頼がおけるようになった時に贈与する又は遺言書を活用して後継者に相続させる旨を定めておく等，後継者の経営を阻害しないように配慮しておくべきでしょう。

解説 ....

　拒否権付種類株式（黄金株）を所有する種類株主は，積極的に経営の意思決定を行うことはできませんが，特定の事項について拒否権を有することにより，経営を監視することができます。

　したがって，事業承継においては，経営を事業承継者に譲り，事業承継者の自主性を尊重する一方，オーナーは拒否権付種類株式を所有することにより，特定の重要事項に関して，会社経営を監視し，会社経営の健全化に係るサポートを行うことが可能とされます。

　なお，拒否権付種類株式を発行する場合には，次に掲げる事項及び発行可能

種類株式総数を定款において定める必要があります。なお，この定款の定めは登記事項とされます。

① その種類株主総会の決議があることを必要とする事項とは何か

② その種類株主総会の決議を必要とする条件を定めるときは，その条件

　また，会社が拒否権付種類株式を発行する場合には，株主総会の特別決議（議決権の過半数を有する株主が出席し，出席した株主の議決権の3分の2以上の賛成）にて定款変更を行う必要があります。拒否権の内容によっては，既存種類株主に損害を与える可能性もありますので，種類株主総会の特別決議が必要となる場合も考えられます。拒否権の内容である種類株主総会の決議が必要な特定の事項は，事業承継者の実質的な経営権の保持も勘案して，図表32－1のような事項とすることが考えられます。

【図表32－1】拒否権における特定の事項の例示

① 取締役の選解任
② 重要な財産の処分
③ 合併等の組織再編
④ 金銭の払戻しを伴う資本の額の減少
⑤ 株主総会決議による解散等

　なお，拒否権付種類株式（黄金株）は，経営について大きな権限を持つことになりますので，これが不測の事態により第三者へ移転することについては注意が必要とされます。拒否権付種類株式（黄金株）を経営者が手放す場合には，後継者に信頼がおけるようになった時に贈与する又は遺言書を活用して後継者に相続させる旨を定めておく等，後継者の経営を阻害しないように配慮しておくべきでしょう。

Q33　種類株式の相続税評価

Q29及びQ30に掲げる議決権制限株式又は拒否権付種類株式（黄金株）を生前贈与又は相続により取得した場合における評価額の算定方法について教えて下さい。

　種類株式の評価を行う場合には，種類株式の特徴点及びその要素を分解

して個々に評価を行うべきであると思われます。

　国税庁が公表している相続税評価額の評価方法は，種類株式のうち，①配当優先の無議決権株式，②社債類似株式，③拒否権付株式についてのみ明確にされています。

（法令・通達）　平成19年2月19日付課審6−1ほか

解説

　会社法の施行により発行が容易になった種類株式のうち，中小企業の事業承継において活用が期待される①配当優先の無議決権株式，②社債類似株式，③拒否権付株式についての評価方法は，図表33−1のとおりとされています（「相続等により取得した種類株式の評価について」平成19年2月19日付課審6−1ほか）。

【図表33−1】　種類株式の評価方法

区　分		評　価　方　法
配当優先の無議決権株式	原則	普通株式と同様の評価 （純資産価額方式の場合には，配当優先の度合いに関わらず普通株式と同額評価）
	例外	議決権がない点を考慮し，納税者の選択により，5％評価減し，その評価減した分を議決権株式の評価額に加算する評価方法を導入(注1)
社債類似株式(注2)		発行価額と配当に基づき評価
拒否権付株式		普通株式と同様の評価

(注1)　同族株主が相続により取得した株式に限るものとし，その株式を取得した同族株主全員の同意が条件となります。
(注2)　社債類似株式とは，次の条件を満たす社債に類似した特色を有する種類株式とされます。
　〔条件〕
　①優先配当，②無議決権，③一定期間後に発行会社が発行価額で取得，④残余財産分配は発行価額を上限，⑤普通株式への転換権なし。

Q34　相続人に対する売渡請求

株式会社甲社は酒造業を営む中小企業であり，株式の所有割合は代表取締役
Ａ氏が50%，専務取締役Ｂ氏（Ａ氏の旧友：Ａ氏とともに甲社を設立）が
40%，取締役Ｃ氏（Ａ氏の長男）が５%，その他少数株主５%とされていま
す。

Ａ氏は，長男Ｃ氏を後継者として考えていますが，長年共同経営してきたＢ
氏の持株が，相続によって分散することを懸念しています。

そこで，相続人等に対する売渡請求制度を活用したいと思いますが，その概
要について教えて下さい。

A　定款の定めにより譲渡制限株式を相続した相続人に対して，その相続し
た株式を会社に売り渡すことを請求できます。この制度を利用することによっ
て，会社が後継者以外の相続人の株式を買い集めることが可能であり，事業承
継対策を円滑に進めることが可能とされます。

（法令・通達）　会社法174，175，309②三

解説 ……………………………………………………………………………………

株式会社は，新たに会社の株式（譲渡制限株式に限ります。）を相続した相
続人に対して，その株式を会社に売り渡すことを請求することができる旨を定
款で定めることができます（会社法174）。

【参考：相続人等に対する売渡請求制度の定款の記載例】
　第○条　当会社は，相続人その他の一般承継により当会社の株式を取得した者
に対し，当該株式を当会社に売り渡すことを請求することができる。

また，株式会社が相続人に対して株式の売渡請求をするときは，その都度，
株主総会の特別決議（請求者の議決権を除きます。）により，「売渡しの請求を
する株式の数」及び「その株式を有する者の氏名又は名称」を定めることとさ
れます（会社法175，309②三）。

なお，この売渡請求に係る株主総会において，売渡請求の対象となる株式を
保有する者は議決権を行使することはできません。この場合において，支配株
主の方に少数株主より先に相続が発生すると，支配株式に対しての売渡請求が
行われ，支配権の逆転が発生する可能性があります。そこで，支配株主の相続

時に本制度が適用されないように，図表34-1のような工夫を検討すべきで
しょう。

【図表34-1】 相続人等に対する売渡請求制度の採用時の検討事項

> ①　少数株主の株式については，無議決権株式とすること。
> ②　支配株主の株式については，持株会社を通じた間接保有とすること。

Q35　相続人に対する売渡請求の手続関係

Q34における相続人等に対する売渡請求制度を活用したいのですが，その手
続関係について教えて下さい。

A 　定款に相続人に対する売渡請求条項を設置することで会社にとって好ま
しくない相続人に対し，株式の売渡請求を行うことができます。相続人は，会
社から売渡請求を受けた場合には，強制的に株式を譲渡しなければなりません。
また，売却価格については，原則として会社と相続人との協議によって決定さ
れます。

なお，会社側では，売渡請求による自己株式の取得に対する財源規制を充足
していなければなりません。

(法令・通達)　会社法174〜177，453，458

解説

株式会社は，相続や合併などの一般承継により譲渡制限株式を取得した者に
対して，その株式を売り渡すことを請求することができることとされます。

相続等の一般承継については，譲渡制限株式であってもその移転を防止する
ことができません。しかし，定款に相続人等に対する株式の売渡請求を定めた
場合には，会社は売渡請求を行うことにより，相続人から強制的に相続された
株式を買い取ることができることとされます（会社法174）。売渡しの請求を受
けた相続人は，その株主総会において議決権を行使することができません（会
社法175）。

この場合において，会社は売渡請求をする株式の数を明らかにして売渡請求
を行うこととされますが，会社が売渡請求できるのは，相続があったことを

知った日から１年以内とされます。また，会社は，いつでも，この売渡請求を撤回することができることとされます（会社法176）。

　なお，株式の売買価格は，原則として会社と相続人との協議によって決定されますが，両者における価格の協議が決裂した場合には，売渡請求のあった日から20日以内に裁判所に対し，売買価格の決定の申立てを行うこととされます。この申立てが20日以内に行われなかった場合には，売渡請求は効力を失うこととされます（会社法177）。

　会社における売渡請求に係る自己株式の取得は，剰余金に基づく分配可能額が限度とされています。したがって，会社には充分な分配可能額があり，かつ，売渡請求に係る自己株式の買取資金を準備しておく必要があります。

【図表35－１】剰余金に基づく分配可能額の限度額

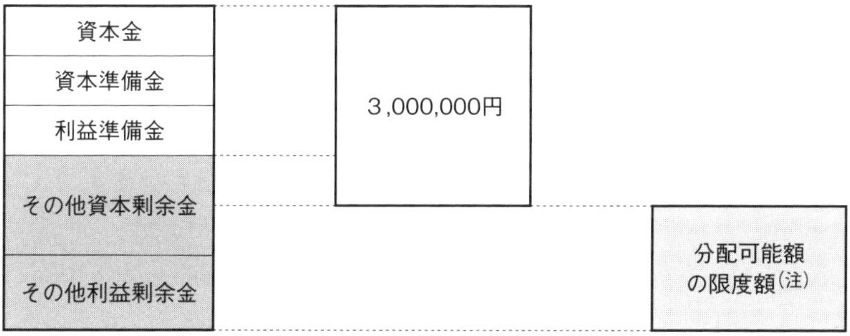

〔剰余金分配前の純資産額〕

（注）　最終事業年度の貸借対照表に記載されている剰余金分配前の純資産額のその他資本剰余金及びその他利益剰余金の合計額のうち，300万円を上回る部分が分配可能額の限度額とされます（会社法453，458）。

Q36　相続人に対する売渡請求を受けた場合の相続人の課税関係

Q34における相続人等に対する売渡請求制度を受けた場合の相続人の課税関係について教えて下さい。

A　相続により財産を取得して納付すべき相続税がある個人が，相続開始の翌日から相続税申告書の提出期限の翌日以後３年以内に，相続した非上場株式をその発行会社に譲渡した場合には，次に掲げる特例規定が適用できます。

① 相続非上場株式の譲渡の特例

　発行会社からの交付金銭がその会社の資本金等の額を超える場合であって
も，その超える部分の金額は「みなし配当」（総合課税）とはされず，その
全額が株式譲渡益課税（分離課税）とされます。

② 相続財産に係る譲渡所得の課税の特例

　相続税申告後3年以内に相続財産を譲渡した場合には，相続税額のうち一
定の方法で計算した金額を譲渡した相続財産の取得費に加算して譲渡所得を
軽減することができます。

（法令・通達）　措法9の7，39

解説 ……………………………………………………………………………

　「相続非上場株式の譲渡の特例（措法9の7）」及び「相続財産に係る譲渡所
得の課税の特例（措法39）」の具体的な取扱いは，次のとおりとされます。

1　相続非上場株式の譲渡の特例（措法9の7）

　相続又は遺贈（死因贈与を含みます。以下「相続等」といいます。）により
財産を取得した相続人が，その相続等に係る相続税額が生じたケースで，その
相続税額に係る課税価格の計算の基礎に算入された上場株式等以外の株式会社
の発行した株式（いわゆる非上場株式）を，その相続開始があった日の翌日か
ら相続税の申告書の提出期限の翌日以後3年を経過する日までの間にその非上
場株式の発行会社に譲渡した場合，つまり自己株式とした場合に，その非上場
株式の譲渡の対価としてその発行法人から交付を受けた金銭の額がその発行法
人の資本金等の金額のうち，その交付の基因となった株式に対応する部分の金
額を超えるときは，その超える部分の金額については，みなし配当課税（総合
課税）を行わないこととされます。

　なお，この超える部分の金額は，株式等に係る譲渡所得等に係る収入金額と
みなして，株式等に係る譲渡所得等の課税の特例（分離課税）が適用されます。

【図表36－1】相続非上場株式の譲渡の特例

2　相続財産に係る譲渡所得の課税の特例

　相続等により財産を取得した個人が，相続の開始のあった日の翌日から相続税の申告書の提出期限の翌日以後3年を経過する日までの間に相続税の課税価格の計算の基礎に算入された資産を譲渡した場合には，相続税額のうちその譲渡した相続財産の占める割合により算出した金額を，譲渡所得金額の計算上の取得費に加算（以下本特例を「取得費加算の特例」といいます。）することができます。

　具体的には，相続財産を譲渡した者におけるその譲渡した相続財産の区分に応じて，それぞれの算式に応じて計算した金額を加算（譲渡資産の譲渡益を限度とされます。）することができます。

【図表36－2】相続財産に係る譲渡所得の課税の特例

〔算式〕

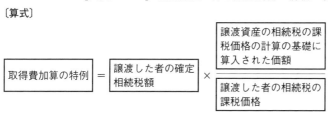

Ⅶ　生命保険の活用

Q37　制度の概要

株式会社甲社の代表取締役Aには，Aの死後の法定相続人として配偶者B，長男C，長女Dの3人がおり，Cを後継者にしたいと考えています。

Aの主な相続財産は，甲社株式及び甲社に対する事業用資金の貸付債権のみの状況となっていますが，甲社の業績アップによる株価の高騰で，相続税の納税資金が懸念材料となっています。

そこで，相続税の納税資金対策としての生命保険の活用について教えて下さい。

A　先代経営者の財産の大部分が自社株式，不動産及び貸付債権など事業用資産で売却や遺産分割が難しい場合における相続税の納税資金の準備などの相続税対策には，生命保険を活用することも有効な手段であると思われます。

（法令・通達）　相法3①一，12①五

解説　……………………………………………………………………………………………

　生命保険は，①相続税の納税資金の準備，②死亡保険金の非課税枠を活用することによる相続税の軽減，③円満な財産の分割などの相続税対策として活用することができます。

1　相続税の納税資金の準備

　被相続人となった先代経営者の財産の大部分が自社株式，土地・建物及び貸付債権などの事業用資産の場合には，相続税を納付するための現預金が不足がちとなるケースも多いと思われます。

　このような場合に備えて，先代経営者を契約者及び被保険者とし，後継者などの相続人を保険金受取人とする生命保険に加入することによって相続税の納税資金を確保することが可能となります。

2　死亡保険金の非課税枠の活用

　先代経営者（被相続人）の死亡により相続人（相続を放棄した者又は相続権

を失った者を除きます。）が取得した生命保険契約の保険金又は損害保険契約の保険金のうち，被相続人が負担した保険料に対応する金額については，その相続人が相続によって取得したものとみなされて相続税の課税対象とされます（相法3①一）。

　この場合において，相続人が相続によって取得したものとみなされた保険金（心身障害者共済制度に基づく給付金の受給権を除きます。）の合計額のうち，図表37－1に掲げる場合の区分に応じ，それぞれに定める金額に相当する部分については，相続税の課税価格に算入されません（相法12①五）。

【図表37－1】死亡保険金の非課税措置

区分	非課税とされる死亡保険金の金額
被相続人のすべての相続人が取得した保険金の合計額が「死亡保険金の非課税限度額」以下である場合	その相続人の取得した保険金の金額
被相続人のすべての相続人が取得した保険金の合計額が「死亡保険金の非課税限度額」を超える場合	死亡保険金の非課税限度額にすべての相続人が取得した保険金の合計額のうちにその相続人の取得した保険金の合計額の占める割合を乗じて算出した金額

（注）　「死亡保険金の非課税限度額」とは，次の算式によって計算します。
　　　500万円×法定相続人の数＝死亡保険金の非課税限度額

3　円滑な財産の分割

　生命保険による死亡保険金は，預貯金及び不動産などの相続財産と異なり，相続人間で遺産分割協議を行う必要はありません。そこで，死亡保険金の受取人を指示しておけば被相続人の意思どおりに，受取保険金の分配を行うことができます。このように財産分割のバランスを取ることによって，相続人間の争いを回避することもできるでしょう。

Ⅷ 後見人制度の活用

Q38 制度の概要

株式会社甲社の代表取締役Aは，長男C氏を後継者とする事業承継計画を立てて実行しています。しかし，事業承継を完了するまでに10年間程要するため，その間に自身の判断力が低下し，事業承継計画に支障が生じることがないようにしたいと考えています。

そこで，後見人制度を活用したいと思いますが，その概要について教えて下さい。

A 後見人制度は，例えば経営者が認知症及び知的障害で判断能力が低下するなど不測の事態が発生した場合に，会社経営及び事業承継を円滑に行えるようにするために第二の遺言として有効に活用することができます。

（法令・通達） 民法7，8，11，12，15，16

解説

成年後見制度とは，認知症や知的障害などで判断能力が不十分な方の財産管理などを本人に代わって後見人等が行うことにより，本人を保護及び支援するものです。成年後見制度には，法定後見制度と任意後見制度があります。

1 法定後見制度

法定後見制度は，本人の判断能力の低下の程度によって「補助」「保佐」「後見」に分けられます。そして，本人をはじめ配偶者，4親等内親族などが家庭裁判所に申立てし，それを受けた家庭裁判所は調査や照会などを行った後，後見人等（補助人・保佐人・後見人）を選任します（民法7，8，11，12，15，16）。選任された後見人等は，本人の利益を考慮しながら，本人に代わって契約などの法律行為を行います。

なお，法定後見制度は事後的なものとなりますので，事業承継における活用場面は少ないと思われます。

2　任意後見制度

　任意後見制度は，本人の判断能力があるうちに，自ら任意後見人を選任して任意後見契約を締結し，本人の判断能力が低下した時点で，契約に定めた事務を任意後見人が本人に代わって行うものをいいます。

　なお，任意後見人は，家庭裁判所により選任された任意後見監督人の監督を受けながら職務を行うこととなるので，本人の意思にしたがった適切な保護及び支援を行うことが可能とされます。

　会社経営や事業承継対策で重要な意思決定を下せなくなってしまうと，会社にとって大きな痛手であり，円滑な事業承継もできなくなってしまいます。そのような将来の非常事態に備えて，任意後見制度を活用することは会社経営や事業承継対策の1つとして有用といえるでしょう。

スタッフへのアドバイス

贈与税の納税猶予及び免除制度と相続時精算課税制度の併用

　平成29年度税制改正前においては，相続時精算課税適用者が，相続時精算課税に係る特定贈与者からの贈与により取得した非上場株式等について，贈与税の納税猶予及び免除制度の適用を受ける場合には，その適用を受ける対象受贈非上場株式等については，相続時精算課税制度の適用を受けることができないこととされていました（旧措法70の7③）。

　このため，納税猶予期間中に雇用確保要件等を満たせなくなり認定取消となった場合には，相続税よりも高額な贈与税を納税するリスクが存在し，贈与税の納税猶予及び免除制度の選択阻害の要因となっていました。

　平成29年度税制改正では，相続時精算課税制度との併用を認めることで，贈与税の納税猶予及び免除制度の取消時の納税額を相続税と同額とされ，早期かつ計画的な生前贈与の促進が税制優遇の強化を図ることによって後押しされました（措法70の7②五，同法70の7の2②二）。

　この改正は，平成29年1月1日以後に相続若しくは遺贈又は贈与により取得をする非上場株式に係る相続税又は贈与税について適用され，同日以前に相続若しくは遺贈又は贈与により取得をする非上場株式に係る相続税又は贈与税については，なお従前の例によることとされます（平成29年度改正法附則88⑩⑬）。

　そこで，贈与税の納税猶予及び免除制度を行う場合には，相続時精算課税制度の併用適用することをお勧めします。

【図表】　相続時精算課税制度との併用

〔事例：非上場株式2億円の財産〕

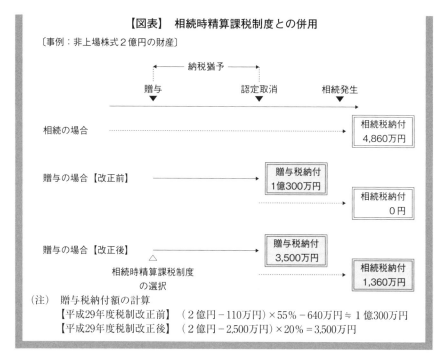

(注)　贈与税納付額の計算
　　　【平成29年度税制改正前】（2億円−110万円）×55％−640万円 ≒ 1億300万円
　　　【平成29年度税制改正後】（2億円−2,500万円）×20％＝3,500万円

第3章
親族外の事業承継

I 親族外承継の環境整備

Q 39 環境整備の重要性

オーナー社長はかねてより次世代の育成に取り組んできました。その成果が実り，社内には有能な人材が育ちつつありました。一方，オーナー社長の親族内から後継者が現れる様子は依然としてありませんでした。

そこで，親族外の承継を行うために必要な環境整備について教えて下さい。

A 親族外承継をスムーズに行うためには，①後継者候補の選定，②後継者の決定，③ミスマッチ防止への配慮，④後継者教育といった環境整備が必要になります。

解説 ……………………………………………………………………………………

中小企業における事業承継では，親子間をはじめとする親族内承継が大半であると考えられがちですが，現実には４割近くが親族以外から後継者を選んでいるとのことです。このうちの多くが役員・従業員等の社内関係者とされています。

これら親族外承継をスムーズに行うにあたっては，①後継者候補の選定，②後継者の決定，③ミスマッチ防止への配慮，④後継者教育といった環境整備が必要になります。

1 後継者候補の選定

「従業員等への事業承継」を2つに分類すると，社内から後継者を選定するケースと，外部から後継者を雇い入れるケースとに区分されます。

社内の後継者候補としては，共同創業者，専務等番頭格の役員，優秀な若手経営陣及び工場長等の従業員などが考えられます。

また，外部から雇い入れる場合の後継者候補としては，取引先及び金融機関などから意中の人物を招くことが考えられます。ただし，社内基盤のない者が後継者候補になる場合には，従業員等の反発も予想されますので，慎重にその選定を行う必要があるでしょう。

2 後継者の決定

後継者候補の中から，まず会社経営を担う意志と能力のどちらにも適性のある後継者候補を選考します。次に，現経営者の経営方針に共感が得られるか率直な話し合いをします。最後に，後継者の待遇や承継方法等の条件について詰めていき，合意に達すれば後継者として決定することになります。

なお，後継者を決定する際には，現経営者よりも一回りくらい年下の世代を選ぶことで，世代交代を促進する効果も得られます。

3 ミスマッチ防止への配慮

あくまでも後継者候補の適性に着目し後継者を決定するのですが，現実に経営を担わせてみると，後継者にそぐわなかったという事態も起きてしまいます。こうしたミスマッチを防止するためには，まだ後継者候補であるうちから役員等の立場として，より密接に経営に参画してもらったうえで，改めて適性を観察し後継者を決定することが有効となるでしょう。

すなわち，お互いに理解を深め合う，いわば「お見合い期間」を設けることが，ミスマッチの回避につながるのです。

4 後継者の教育

社内関係者は後継者供給源の1つですが，次世代を育て上げていく現経営者の取組みを抜きにしては，その役割を充分に果たすことができません。

例えば，社内での現場ローテーションや経営幹部としての経営参画，外部セミナーへの参加による必要知識の習得，他社勤務を通じた幅広い人脈の形成や

経営手法の習得などの後継者教育を充実させることについて，計画的に熱意を
持って取り組んでいく必要があります。

Q40　承継に向けた関係者の理解

親族外承継では，親族内承継の場合と比べて関係者の理解等を得るのに時間
がかかるケースが多いと思われます。
そこで，親族外承継をスムーズに行うために必要な関係者の理解について教
えて下さい。

A　経営者の血縁者を後継者とする親族内承継と比べて，親族外承継の場合
には関係者の理解を得るのが難しい場合も多くなるので，事業承継へ向けた取
組みは早期に着手していきましょう。
　承継に向けて理解を得ておきたい関係者は，①役員・従業員等の社内関係者，
②得意先・仕入先等の取引先，③金融機関，④現経営者の親族など多岐に渡り
ますので，これら関係者ごとの特徴を把握したうえで理解を得ていくように努
める必要があるでしょう。

解説

　親族外承継においては，①役員・従業員等の社内関係者，②得意先・仕入先
等の取引先，③金融機関，④現経営者の親族といった関係者からすれば，いず
れ現経営者個人の財産と債務を承継する立場にある血縁者の後継者と，そうで
ない社内関係者である後継者との違いは明白であるといえます。これこそが関
係者の理解を得難くしている要因であることを踏まえたうえで，いかに関係者
の理解を深めていくかが重要なポイントとなります。
　番頭格の役員・従業員などの社内から後継者を選定するケースはもちろん，
外部から後継者を雇い入れるケースでは，早めに後継者を発表し，後継者が周
囲との円滑な関係を築くため前もって役員等として活動する機会を設けること
により，全従業員との意思疎通を十分に行うなどの配慮をすべきでしょう。

1　社内（役員・従業員等）の理解
　現経営者は後継者の発表をはじめ社内での周知に努めていく一方で，後継者

は全社員と丹念に面談し意思の疎通を図っていく必要があります。

　そればかりでなく，社内外に浸透させた明確な経営方針に沿って着実に事業を引き継いでいく方法を採ることで，役員・従業員等の社内関係者からみても理解が得られやすくなります。

　また，後継者は周囲との円滑な関係を築くためにも，前もって役員等として活動することが望ましいと考えられます。しかも，後継者を外部から雇い入れるのであれば，より一層これらの配慮が必要となるでしょう。

2　取引先・金融機関の理解

　後継者の選定を終えたらすぐに，取引先や金融機関に後継者を紹介するとともに，安定的な事業承継である旨を説明し了解を得ておく必要があります。

　ここでも，社内外に浸透させた明確な経営方針に沿って事業の継続性を保つ姿勢を示すことが，取引の継続性，安定性を重視する得意先・仕入先等の取引先や金融機関に向けて効果的であると考えられます。

3　現経営者の親族の理解

　親族外承継は，現経営者の親族内からは後継者が現れないという前提のもとで選択される計画です。「息子は継ぐ気がないはず」という本人の意向を省みない判断は，時としてこの前提を崩してしまうこともあります。例えば，もう既に従業員の中から後継者を決定しているのに，息子が「やはり会社を継ぎたい」と言い出すやいなや，話は大きくこじれてしまいます。ここで起きた両者の反目が，やがては会社経営を巡る大きな対立にまで発展してしまいかねません。

　このようなことが起こらないように，現経営者は親族との意思の疎通を常に図りながら，要所においてはその意向を十分に捉えておく必要があります。

Q41 現経営者の役割

親族外承継においては，現経営者の交代において社内・社外のサポート体制の確立は欠かせません。

そこで，経営陣の交代にあたっての現経営者の役割について教えて下さい。

A 親族外承継では，親族内承継と比べると現経営者とともに過ごす時間が短いケースが多いと思われるため，新経営体制の整備をするのに期間と段取りが必要がとなります。

そこで，親族外承継における現経営者の重要な役割は，後継者の選定後には共同経営期間を設け，その期間中に後継者の適性を見極めつつ段階的に権限を委譲していくことで，より確実に企業理念を引き継いでいくことにあると思われます。

解説 ……………………………………………………………………

親族外承継を行う場合には，後継者の経営基盤が弱いことが多いため，後継者が社長となった後も共同経営期間を設定して後継者の経営を背後からバックアップし，後継者に段階的に経営者としての権限を委譲していくべきでしょう。

親族外承継における現経営者の重要な役割は，次のとおりとされます。

1 経営陣の交代とサポート体制

経営陣の交代において，後継者に対する社内・社外のサポート体制を確立することが重要となります。また，次期社長を育てると同時に，社長のサポート役となるような次期経営幹部を育てることも大切となります。そこで，経営幹部の交代は時間をかけて順次進めていく必要があります。

また，経営陣の世代交代の際，優秀な古参の役員には，あえてご意見番として残ってもらい，社長の補佐役として経営をサポートしてもらうことも有益となります。

2 共同経営期間と段階的権限委譲

事業承継が実際に実行され，後継者の方が社長となるに際して，前社長が完全に退任してしまうのではなく，社長を後方からサポートできるよう会長に就

任する方が望ましいでしょう。

　会社経営をコントロールできる権限の一部を保持した状態で会長に就任し，後継者には業務執行の部分を中心に任せ，会長が経営をサポートしつつ順次権限を委譲していきます。権限委譲する過程で新社長と会長とが二人三脚の共同経営期間を設定することは円滑な事業の承継に効果があります。

　ただし，この共同経営期間があまり長い場合には，社長である後継者が飾りもので実質的な経営者は未だ会長であると見られてしまう恐れがあります。そうならないためには，最初は代表取締役会長として就任し，その後は取締役会長，さらに会長，顧問というように，順次肩書きを変更することにより，周囲からも権限が順次委譲されていることがわかるような工夫が必要となります。

【図表41－1】段階的権限移譲パターン

〔肩書の変更〕

代表取締役会長

取締役会長

会　長

顧　問

〔権限の順次委譲〕

後継者

3　後継者等の養成

　後継者やあるいは経営幹部についても，親族内承継の後継者教育の部分（Q17参照）と同様に，十分な教育を実施して来るべき承継に備えておくことが重要となります。

① 　社内でのローテーション

　会社全体を知るために後継者等に営業，財務，労務など各現場を経験させて，必要な知識を習得させます。

② 　経営幹部として経営に参画

　後継者を経営幹部等責任あるポストに就けて，経営上の重要な意思決定やリーダーシップを発揮する機会を与えます。

③ 　現経営者からの直接指導

　現経営者自らが，これまで会社を発展させてきた経験や苦労，経営上のノウ

ハウ，経営理念を伝授することは大変貴重です。

④　他社勤務を経験

　特に自社の役職員から後継者を選定した場合には重要です。外の世界を知り，広い人脈づくりと新しいアイデアの習得には欠かせません。

⑤　外部セミナーの活用

　外部機関の経営セミナーは，経営者にとって必要な知識全般の習得に役立ち，幅広い視野の養成にも効果があります。

【図表41－2】後継者等の教育

区　分		効　果
内部での教育例	現場をローテーションさせる	経験と必要な知識の習得
	責任ある地位に就ける	経営に対する自覚が生まれる
	現経営者からの直接指導	経営ノウハウ・経営理念の承継
外部での教育例	他社での勤務を経験させる	人脈の形成・新しい経営手法の習得
	子会社・関連会社等の経営を任せる	責任感の醸成・資質の確認
	セミナー等の活用	知識全般の習得，幅広い視野を育成

Ⅱ　株式及び財産の分配方法

Q42　後継者の経営権の確立に向けての選択

親族外承継における後継者については，資金力が乏しいケースが多いため，経営権の確立に必要な株式及び経営者個人の名義となっている事業用資産の買取りのために必要な資金の確保が大きな問題となります。

そこで，親族外承継における現経営者から後継者への株式及び財産の分配方法について教えて下さい。

A　後継者の経営権の確立に向けては，「所有」と「経営」について，一致させるか分離させるかの選択肢が生じます。親族以外の自社の役員・従業員等に事業を承継する場合，現経営者とその親族が保有している自社株式の承継が大きな問題となります。

中小企業にとって株式を誰が所有するかという資本政策は，大変重要なテーマとされます。後継者の経営権の確保に配慮するのであれば，後継者に株式を一定程度集中させることも選択肢の1つとなります。

また，会社の成長とともに株式の価値も上がり，その財産的価値は大きくなりますので，現経営者とその親族にとっては，財産・相続の観点から考慮しなければならない問題とされます。

解説

事業承継においては，「所有」と「経営」の2つの問題を検討する必要があります。中小企業においては，「所有」と「経営」が一致しているケースが多いと思われますので，「所有」すなわち株式の移転をどうするかが最大の問題となります。後継者の経営権の確立のためには，「所有」と「経営」を一致させることが望ましいと思われますが，後継者の資金調達の問題もあり，分離を選択するケース又は段階的に株式を移転していくケースも想定する必要があります。

現経営者の保有する株式を後継者に移転するためには，一般的に譲渡又は贈与という手段を選択することとなりますが，親族外承継の場合には贈与を選択

するケースはあまり考えられません。そこで，後継者に資金力がないケースで
は，株式の一部を会社が自己株式として買い取ることも検討すべきでしょう。
また，譲渡を選択するケースでは，譲渡した現経営者に譲渡所得又は配当所得
としての課税関係が生じることとなりますので，その選択方法によって納税額
が大きく変わる可能性もあります。会社の成長とともに株式の価値も上がり，
その財産的価値は大きくなりますので，現経営者とその親族にとっては，財
産・相続の観点から考慮しなければならない問題とされますので，納税資金の
確保及びタックスプランニングの両面から税理士等の専門家に相談しながら中
長期的な展望に立った事業承継計画を作成し，その計画をステップアップしな
がら実行に移していくことが大切となります。

　なお，株式を段階的に移転していく場合には，株式の購入資金を役員報酬の
引上げ等によって賄えるようにするなど，なるべく早期に過半数の株式を後継
者が所有できるように配慮すべきでしょう。

Q43　種類株式の活用による支配権移転と財産権との共存

> 株式会社甲社は製造業を営む資本金5千万円の同族会社であり，株式は社長
> Aがすべて所有しています。Aの親族内には後継者がいなかったため，甲社
> 外から後継者としてBを迎え入れ事業承継を行いたいと考えています。
> そこで，甲社株式を種類株式として生前贈与したいと思いますが，その概要
> について教えて下さい。

A　中小企業の事業承継においては，「所有」と「経営」を分離するケース
も考えられます。親族外承継をした後，次の事業承継において現経営者の親族
を次期後継者と考えているケース又は現経営者が共同経営期間において一定の
重要事項について株主として拒否権を残していきたいケースなどでは，種類株
式の活用による支配権移転と財産権との共存も検討すべきでしょう。

解説 ………………………………………………………………………

　後継者へ株式を集中させることも重要ですが，一方では経営者の親族に自社
株式を資産としてある程度残しておきたいケースや，経営者に重要事項につい
ての拒否権を残しておきたいなどの要請もあります。そのような場合には，親

族内承継の部分で紹介した種類株式を活用して，①議決権制限株式を経営者の親族に相続させて財産権を残す方法，②拒否権付種類株式（いわゆる黄金株）を経営者が保持し，拒否権を残す方法などが考えられます。

　なお，種類株式を発行手続としては，株主総会の特別決議により定款の変更を行う必要がありますので，詳しくは前述した第2章「Ⅵ　会社法の活用（P.61）」を参照して下さい。

1　議決権のある株式を後継者に譲渡して経営権を集中させつつ，議決権制限株式を経営者の親族に相続させて財産権を残す方法

　議決権制限株式は，株主総会での議決権が制限されていますが，配当を受ける権利や残余財産分配請求権などの財産権がありますので，経営者の親族には，株式の持っている財産価値が残ることになります。

2　拒否権付種類株式（いわゆる黄金株）を発行して重要事項についての拒否権を前経営者が保持しつつ，後継者には普通株式を譲渡する方法

　上記1のケースにおいて，議決権を後継者に集中させた場合に，後継者が万が一独断的な経営を行っても前経営者は，それを阻止する有効な方法がありません。こうした事態を未然に防ぐために，特定の事項について株主の同意が必要になる拒否権付種類株式を発行することで，後継者の経営にブレーキをかけることができるようになります。

Q44　MBO・EBOの概要

　甲社の創業者であるA社長には，長女B及び次女Cの2人の子供がいますが，両ともAの後継者となる意思はなく，甲社と関係のない第三者と結婚してしまいました。Aは健康面に不安を抱えていたため，専務取締役DにMBOによって甲社株式を買い取ってもらうことによって事業承継を行おうと考えていました。
　そこで，このMBO・EBOによる株式の買取りの概要について教えて下さい。

A　社内の後継者候補としては，共同創業者，専務取締役等の番頭格の役員，優秀な若手経営陣，総務部長，営業部長及び工場長等の従業員などが考えられ

ます。

　なお，MBO（Management Buy-Out）・EBO（Employee Buy-Out）とは，後継者となる自社の経営陣（Management）又は従業員（Employee）が，オーナー経営者又はその親族等の保有する株式を買い取って経営権を取得する方法とされます。

　自社の経営陣又は従業員が後継者となる場合，オーナー経営者又はその親族等の保有する株式を買い取るための資金力があるか否かがポイントとされます。

解説..

　会社の経営権を後継者に譲った場合，いつまでも株式の大半を前経営者が保有し続けているときには，株主総会等における後継者の迅速な経営上の意思決定が阻害される可能性が生じます。また，取引先及び金融機関等の社外関係者から，会社の実権は後継者ではなく，大株主の前経営者が掌握していると判断される可能性も生じることでしょう。このようなケースが生じてしまえば，後継者の円滑な事業承継が阻害される要因となります。

　そこで，後継者による「所有」と「経営」を一致させるため，後継者となる自社の経営陣（Management）又は従業員（Employee）は，オーナー経営者又はその親族等の保有する株式を買い取って経営権を取得する必要があります。この自社株式の買取方法として，MBO（Management Buy-Out）・EBO（Employee Buy-Out）という事業承継手段の活用が考えられます。MBO・EBOは，外部の株主が買収するTOB（敵対的買収）と異なり，会社内部の経営陣又は従業員等がオーナー経営者又はその親族等の保有する株式を買い取って会社の買収を行うため，友好的買収という側面が強く，いわゆる「現代版のれん分け」などといわれており，日本風土に馴染みやすい手法といえるでしょう。

　一般的には，オーナー経営者の親族でない経営陣又は従業員は，株式を買い取るほどの資金力がないケースが多いため，後継者の経営能力及び企業の将来性等を担保として，金融機関から融資を受けたり又は投資ファンドから出資を仰いだりして資金調達を行うことが考えられます。

　また，MBO・EBOを成功させるためには，後継者に高い経営能力を身につける十分な準備期間と会社の成長性・将来性を磨いておくことが重要となるでしょう。

Q 45　MBO・EBOの活用方法

Q44において，甲社株式をMBO・EBOとして事業承継対策を行いたいと考えておりますが，MBO・EBOの具体的な活用方法について教えて下さい。

A MBO・EBOの具体的な活用方法としては，①単純にオーナー経営者等から株式等を直接買い取る方法，②受け皿会社を設立して，その会社がオーナー経営者等の株式等を買い取る方法などが考えられます。

解説 ……………………………………………………………………

MBO・EBOの具体的な活用方法としては，次のとおりとされます。いずれの方法を選択するとしても，オーナー経営者等又は後継者となる自社の経営陣又は従業員にとって，納税資金の確保及びタックスプランニングの両面から税理士等の専門家に相談しながら中長期的な展望に立った事業承継計画を作成し，その計画をステップアップしながら実行に移していくことが大切となります。

1　単純にオーナー経営者から株式等を直接買い取る方法

後継者となる自社の経営陣又は従業員が，自己資金，金融機関から融資を受けた借入金によって調達した株式の買取資金で，オーナー経営者又はその親族等の保有する株式を直接買い取る方法とされます。

後継者となる自社の経営陣又は従業員が株式を譲り受けることにより，「所有」と「経営」が一致することとなります。

金融機関から借入等を行った場合には，会社からの役員報酬等により，長期にわたり借入金の元本返済と利息の支払を行うこととなります。

なお，この方法を採用する場合には，オーナー経営者又はその親族等において株式の譲渡に対応する譲渡所得税等の納税義務も考慮する必要があります。

また，これら株式の買取資金又は納税資金等については，①経営承継円滑化法において中小企業信用保険法の特例が設けられたことにより，株式・事業用資産の買取資金の融資が受けられること，②資金繰り等が悪化している認定中小会社に対しては，運転資金等にも充当できること，③株式会社日本政策金融公庫法などの特例が設置され，後継者候補の株式・事業用資産の買取資金及び相続税などの納税資金等に対応した融資が実施されること等の措置が手当てさ

れています。

【図表45－1】単純にオーナー経営者から株式等を直接買い取る方法

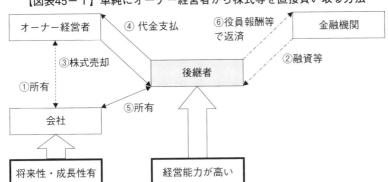

2 会社を設立して，その会社がオーナー経営者等の株式等を買い取る方法

金融機関からの融資が受けられなかった場合には，後継者となる自社の経営陣又は従業員とPEファンド（Private Equity Fund：プライベート・エクイティ・ファンド）で共同出資により新設会社を設立し，その新設会社がオーナー経営者又はその親族等からその保有する株式等を買い取る方法とされます。「PEファンド」とは，非公開会社の株式に投資し，その会社の成長・再生の支援を行うことを通じて株式価値を高めることにより，株式公開（IPO：Initial Public Offering）又は他社への売却を通じて利益を得る投資ファンドのこととされます。いわゆるベンチャーキャピタルもPEファンドに含まれます。

この方法は，後継者となる自社の経営陣又は従業員が金融機関から直接融資を受けることに代えて，新設会社が金融機関から融資を受ける点が上記1の方法と大きく異なります。また，新設会社における金融機関に対する借入金の元本及び利息の返済資金は，事業承継した会社が行う配当金を原資とします。

なお，この方法を採用する場合には，オーナー経営者又はその親族等において株式の譲渡に対応する譲渡所得税等の納税義務も考慮する必要があります。

【図表45－2】受け皿会社を設立して，その会社がオーナー経営者等の株式等を買い取る方法

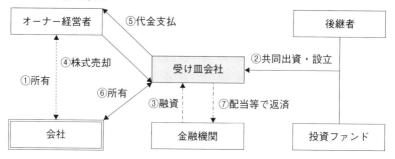

Q46 MBO・EBOの特徴

Q45におけるMBO・EBOを行う場合，どのような点に留意すべきでしょうか。

A 　MBO・EBOを行う場合には，オーナー経営者の親族でない経営陣又は従業員において，株式を買い取るほどの資金力がないケースが多いため，株式を買い取るための資金の調達方法をどうするかが鍵となるでしょう。

　特に，資金を提供した金融機関又は投資ファンドの意向を経営に反映させなければいけない場合も考えられ，後継者の独立性が100％保証されているわけではありません。さらに，「企業価値を担保にお金を借りる」手法なので，企業の業績が大幅に悪化した場合には，借入金の返済が非常に厳しくなるという側面もあります。

　そこで，MBO・EBOのメリット・デメリットを把握しながら，その会社にとって最も良い方法を選択することが重要となります。

解説 ……………………………………………………………………

　MBO・EBOのメリットは，オーナー経営者の親族以外の事業に携わっている自社の経営陣又は従業員から後継者候補を選択できることにあります。そもそも，同じ会社に勤めている役員又は従業員等であるため，会社内部の紛争が生じにくいと思われます。後継者である経営陣又は従業員においては，オーナー経営者又はその親族の保有する自社株式が，その生前中に譲渡されるため

【図表46-1】 MBO・EBOのメリット・デメリット

区分		内　容
MBO・EBO	メリット	① 事業に携わっている自社の経営陣又は従業員から後継者候補を選択できること。 ② オーナー経営者の相続により会社株式が複数の相続人に分散することを防止できること。 ③ 後継者による所有と経営の一致が図られるため，自由で迅速な経営意思決定が可能となること。 ④ オーナー経営者等において，株式の売却資金によって，老後の生活保障又は相続税などの納税資金等が確保できること。 ⑤ 従業員等においては，経営方針が継続されることによるモチベーションの低下が防止できること。
	デメリット	① 事業承継が前提のため，現状維持がなされることによる会社の体質や構造の改革が行われにくいこと。 ② 事業用資金の借入を行っていた場合には，その返済リスクも承継しなければならないこと。 ③ 個人保証を追加的に要請されること。 ④ 融資を受けた金融機関や投資ファンドの意向を経営に反映させなくてはならない場合もあり，独立性が100％保証されないこと。 ⑤ 「企業価値を担保にお金を借りる」手法なので，業績が大幅に悪化した場合には，借入金の返済が非常に厳しくなること。

　オーナー経営者の相続により会社株式が複数の相続人に分散することを防止し，後継者による「所有」と「経営」が一致するとともに，その後継者による自由で迅速な経営意思決定が株主総会などで可能となります。また，オーナー経営者又はその親族等においては，MBO・EBOによる株式の売却資金によって，老後の生活保障又は相続税などの納税資金等を確保することができます。

　これに対してMBO・EBOのデメリットは，オーナー経営者による会社の体制を改革しようとする場合においても，現経営者と同じ性質の後継者が選択されることが少なくなく，後継者以外の役員又は従業員等が望むような会社の体制が実現されないことがあります。また，オーナー経営者が金融機関からの事業用資金の借入を行っていた場合には，事業承継する後継者においてその返済リスクも承継しなければなりません。さらに，オーナー経営者が借入の際に個人保証を行っている場合には，後継者にも個人保証の追加要請がなされることとなります。後継者による「所有」と「経営」が一致したとしても，株式買取資金の融資を受けた場合，資金を提供した金融機関や投資ファンドの意向を経営に反映させなければいけない場合も考えられ，独立性が100％保証されてい

るわけではありません。また，企業の業績が大幅に悪化した場合には，「企業
価値を担保にお金を借りる」手法なので，借入金の返済が非常に厳しくなると
いう側面もあります。

Ⅲ　個人債務保証と物的担保提供の後継者への段階的移行

Q47　事業承継に向けた債務圧縮の努力

自社の役員・従業員等に事業承継を行う場合における個人債務保証と物的担保提供の後継者への段階的移行に向けた現経営者の債務圧縮について教えて下さい。

A　一般に社内関係者である後継者の資金力は乏しいことが多いので，経営権の確立を図るだけの株式買取資金を準備しづらいというケースが多く見受けられます。それどころか，金融機関への債務保証と担保提供を処理することに至っては，交渉の難航が想定されるところです。

「従業員等への事業承継」を成功させるためには，事業承継に向け早い段階から現経営者の債務を圧縮し，後継者の債務保証を減らすため粘り強く金融機関と交渉することが重要となるでしょう。

（法令・通達）　民法465の6①，465の8①

解説 ……………………………………………………………………………………………

　自社の役職員等が経営を承継する際に大きな問題となるのが，会社の金融機関からの借入金に対して，経営者による個人（債務）保証と物的担保提供をしているようなケースとなります。

　金融機関が中小企業へ融資する場合には，企業の安定性・成長性等を格付けするとともに，経営者の個人資産やその経営力も総合的に評価して融資金額，融資期間及び金利の決定を判断します。また，実際に融資を行う際には，経営者に連帯保証を求めることが多いと思われます。

　一般的には，単に社長が交代したからといって，経営者の連帯保証が解除されることは極めて稀であり，これまでの経営者に加えて，後継者にも連帯保証人に加わることを求めてくるのが金融機関の常套手段であると思われます。

　また，経営者が会社の借入に対して提供している自宅等の個人資産の物的担保についても，会社に十分な担保があるような場合を除き，金融機関に解除してもらうことは困難な場合が多いと思います。

　このように，経営者が有している個人（債務）保証や担保の取扱いは難しい問題であり，経営者・後継者双方にとって重荷となりますから，事業承継に向けて早い段階から債務の圧縮を図ることが肝要となります。

　平成2年4月1から施行された新民法では，「事業に係る債務についての保証契約の特則」が新設されました。このうち個人保証の制限の規約について，補償事業のために負担した貸金等債務を主たる債務とする保証契約又は主たる債務の範囲に事業のために負担する貸金等債務が含まれる根保証契約は，その契約の締結に先立ち，その締結の日前1か月以内に作成された公正証書で保証人になろうとする者が保証債務を履行する意思を表示していなければ，その効力が生じないこととされました（民法465の6①）。

　また，事業のために負担した貸金等債務を主たる債務とする保証契約又は主たる債務の範囲に事業のために負担する貸金等債務が含まれる根保証契約の保証人の主たる債務者に対する求償権に係る債務を主たる債務とする保証契約について準用されます。主たる債務の範囲にその求償権に係る債務が含まれる根保証契約も，個人保証の制限の規約が準用されることとなりました（民法465の8①）。

　この新民法の改正に先駆けて，令和元年12月24日に経営者保証に関するガイドライン研究会から「事業承継時に焦点を当てた『経営者保証に関するガイドラインの特則』（以下単に「本特則」といいます。）」が公表されました。本特則では，①前経営者・後継者の双方からの二重徴求を原則禁止すること，②後継者との保証契約が事業承継の阻害要因となり得ることを考慮して柔軟に判断すること，③前経営者との保証契約を適切に見直すこと，④金融機関における内部規定等の整備や職員への周知徹底による債務者への具体的な説明の必要性，⑤事業承継を控える事業者におけるガイドライン要件の充足に向けた主体的な取組みの必要性が記載されています。

　これら民法改正及び本特則が，主たる債務者，保証人及び対象債権者において幅広く活用され，経営者保証に依存しない融資の一層の実現に向けた取組みが進むことで，円滑な事業承継が行われるように期待されています。

Q48　後継者の報酬の確保等の配慮

自社の役員・従業員等に事業承継を行う場合における個人債務保証と物的担保提供の後継者への段階的移行に向けた後継者の報酬の確保等の配慮について教えて下さい。

A　後継者が将来単独での債務保証に移行するためにも，後継者の債務保証を減らすため粘り強く金融機関と交渉するとともに，後継者の経済的リスクと精神的負担に見合った相応の報酬を確保するなどの配慮が必要となるでしょう。

解説

　債務の圧縮を図ることができたとしても，完全に個人（債務）保証や担保を処理することは困難でしょう。前述したQ47のように，残った債務保証等については，現経営者に加えて，後継者にも債務の連帯保証を求めてくると思われます。

　親族内承継の場合と異なり，個人資産を承継する立場にない親族外の後継者にとっては，会社の債務を保証することは精神的に大きな負担となります。現経営者の役割として，後継者の債務保証を少しでも軽減できるよう金融機関との粘り強い交渉が必要とされます。

　また，後継者が将来単独での債務保証に移行するためにも，後継者の経済的リスクと精神的負担に見合った相応の報酬を確保するなどの配慮が必要となるでしょう。

スタッフへのアドバイス

成年年齢（民法改正）

　平成30年6月13日，民法の成年年齢を20歳から18歳に引き下げること等を内容とする「民法（明治29年法律第89号）の一部を改正する法律」が成立しました。

　民法の定める成年年齢は，単独で契約を締結することができる年齢という意味と，親権に服することがなくなる年齢という意味を持つものですが，この年齢は，明治29年（1896年）に民法が制定されて以来，20歳と定められてきました。これは，明治9年の太政官布告を引き継いだものといわれています。

　成年年齢の見直しは，明治9年の太政官布告以来，約140年ぶりであり，18歳，19歳の若者が自らの判断によって人生を選択することができる環境を整備するとともに，その積極的な社会参加を促し，社会を活力あるものにする意義を有するものと考えられます。

　また，女性の婚姻開始年齢は16歳と定められており，18歳とされる男性の婚姻開始年齢と異なっていましたが，今回の改正では，女性の婚姻年齢を18歳に引き上げ，男女の婚姻開始年齢が統一されました。

　このほか，年齢要件を定める他の法令についても，必要に応じて18歳に引き下げるなどの改正が行われました。

　なお，今回の民法改正は，若者のみならず，親権者等の国民全体に影響が生ずるものであることから，周知期間経過後，令和4年4月1日から施行されます。

【図表】　民法の一部を改正する法律（成年年齢関係）

区　　　　分		改正前	改正後
成年年齢の引下げ（民法4）	1人で有効な契約をすることができる年齢	20歳	18歳
	親権に服することがなくなる年齢		
	「成年」と規定する他の法律		
女性の婚姻開始年齢の引上げ（民法731）(注)		16歳	18歳

(注)　男性の婚姻開始年齢は18歳で変更されませんので，民法改正の施行日以後は男女とも18歳に統一されます。

≪引用文献：法務省ホームページ（一部筆者加筆）≫

第4章
M&A

```
Ⅰ  M&Aとは
```

Q49　M&Aの形態

小売業を営む甲社の創業者A（68歳）は，甲社株式のすべてを所有しています。Aは子供に恵まれなかったため，Aの親族，甲社の役員・従業員等の社内の者又は甲社の取引先・金融機関等の社外の者の中には，後継者として適切な候補者が見当たりませんでした。
そこで，M&Aによって甲社を第三者に売却しようと考えていますが，M&Aの形態について教えて下さい。

A　親族内承継又は親族外承継における後継者候補がいない場合には，従業員の雇用維持，取引先との関係及び信用維持又は経営者の老後の生活資金の確保などのために会社を売却して，第三者に経営を任せる方法，いわゆる「M&A」を選択適用することになるでしょう。M&Aとは，Merger& Acquisitionの略語で企業の買収・合併・事業譲渡等のことを意味します。

　M&Aの形態は，目的別形態又は買収方法別形態の2つに区分することができます。

解説
1　目的別形態

　M&Aを企業買収の目的により分類すると，「水平的M&A」，「垂直的M&A」，「複合的M&A」に区分されます。

【図表49－1】 目的別形態

区分	類 型	目 的
水平的 M&A	同業他社を買収しようとする類型	企業規模を拡大することにより製品やサービスの市場占有率を高めること。
垂直的 M&A	製品の生産過程や流通過程にある他の企業を買収しようとする類型	生産過程や流通過程の強化・合理化を図ること。
複合的 M&A	買収企業の業種とは異なる業種の企業を買収しようとする類型	自社の業務と関連する分野に進出し，業務内容をより多角化すること。

2 買収方法別形態

　M&Aを買収方法別形態により分類すると，「合併型M&A」，「支配権取得型M&A」，「事業譲渡型M&A」，「営業の賃貸借・経営委任型M&A」に区分されます。

【図表49－2】 買収方法別形態

区分	類 型	目 的
合併型 M&A	2つの企業が合体して1つの企業に統合	
支配権取得型M&A	株主総会等で過半数を制する株式の取得	買収の手法としては，相手方企業の大株主から相対取引で株式を直接譲り受けたり，相手方企業の発行する株式を第三者割当で取得したり，広く散在する相手方企業の株主に対して，買取価格などを提示して売却を呼び掛ける方法（TOB）があります。
事業譲渡型 M&A	相手方企業から一定の事業目的に使用される企業財産をそっくり譲り受ける方法	譲渡の対象となるのは，工場や店舗，特定の事業部門などの有形財産のほかに，顧客関係などを含み，いわゆるのれんや発明などの無形財産も含まれます。
営業の賃貸借・経営委任型M&A	一方の企業が他方の企業にその経営を委ねる方法	

Ⅱ　会社を譲渡する方法

Q 50　全部を譲渡する方法

M&Aの種類のうち，会社の全部を譲渡する方法の概要について教えて下さい。

A 会社の全部を譲渡する方法としては，合併，株式譲渡及び株式交換が考えられます。

法令・通達　会社法2二十七・二十八・三十一，133，134，139
　　　　　　会社法施行規則22

解説 ……………………………………………………………………

1　合　併

　合併とは，2つ以上の会社が契約を締結して行う行為であって，当事会社の一部又は全部が消滅し，消滅会社の権利義務を清算手続を経ることなく，存続会社又は新設会社に包括的に承継させる効果をもつものとされます。合併の方法には，「吸収合併」と「新設合併」とがあります。

　吸収合併とは，合併により消滅する会社の権利義務の全部を合併後存続する会社に承継させる合併とされます。

　新設合併とは，合併により消滅する会社の権利義務の全部を合併により設立する会社に承継させる合併とされます（会社法2二十七・二十八）。新設合併は，被合併法人を解散させるため，営業の許認可等が新設法人に承継されないこととなるため，実務上では吸収合併を選択するケースが多いと思われます。

2　株式売却

　株式売却とは，経営者又はその親族等が所有している株式を第三者に売却する方法です。他の株式会社の議決権の過半数を保有することを目的として株式を譲り受けるため，M&Aの手法として法的に最も簡単な方法とされます。この場合，売手と買手がその株式の譲渡に合意し，売買代金の支払がなされ，株主名簿の名義書換えがなされると，その手続が完了します。株券発行会社の場

合，株式の譲渡には株券の交付が必要となります。その取得する株式が譲渡制限株式である場合には，発行会社の承認を受けなければ名義書換の請求が認められません（会社法133，134，会社法施行規則22）。

また，取得する株式が譲渡制限株式である場合には，その譲渡承認機関がその会社の機関設計又は定款の定めにより異なります。買収対象会社が取締役会を設置していない会社である場合には，株主総会がその承認機関となります。取締役会設置会社の場合には，取締役会がその承認機関となります（会社法139①）。なお，譲渡制限株式の承認機関を定款で別に定めることが認められていますので（会社法139①但書），買収対象会社の定款に別段の定めがある場合には，その定めに従った承認が必要となります。

3 株式交換

株式交換とは，株式会社がその発行済株式の全部を他の株式会社等に取得させる方法とされます（会社法2三十一）。

この場合において，売手企業は交換先会社の100％子会社になり，経営者又はその親族等が保有している自社株式が交換先会社の株式に変わることとなります。

Q51 一部を譲渡する方法

M&Aの種類のうち，会社の一部を譲渡する方法の概要について教えて下さい。

A 会社の一部を譲渡する方法としては，会社分割及び事業譲渡が考えられます。

（法令・通達） 会社法2二十九・三十，207

解説

1 会社分割

会社分割は，①会社の事業に関して有する権利義務の全部又は一部を他の会社に承継させる吸収分割，②1又は2以上の会社がその事業に関して有する権利義務の全部又は一部を分割により設立する会社に承継させる新設分割とに区

分されます（会社法2二十九，三十）。

　会社分割は，複数の事業部門を持つ会社が，その一部を切り出してこれを他の会社に売却する手法で，他社との部門単位での事業統合又は不採算部門の撤退等で使われています。

2　事業譲渡

　事業譲渡は，会社の個別の事業（工場，機械装置の資産に加え，ノウハウ等の知的財産，顧客など事業を成り立たせるために必要な要素）を他の会社に譲渡することとされます。

　会社分割に比べて，より個別の事業単位で売却が可能とされますが，買い手にとって不要な資産又は従業員は引き取ってもらうことができない場合も生じます。また，事業譲渡の対価は，通常現金とされます。

●関連解説

　事業譲渡とは，会社が取引行為として事業を他に譲渡する行為とされます。会社法の制定前は，営業譲渡といわれていたものが，会社法の制定により事業譲渡と名称が変更されました。事業譲渡を改正前の営業譲渡と同じと考えると，一定の事業目的のために組織化され，有機的一体として機能する財産（得意先関係等経済的価値のある事実関係を含みます。）の重要な一部を譲り渡し，これによって，譲渡会社がその財産によって営んでいた事業活動の重要な一部を譲受人に受け継がせた場合には，譲渡会社がその譲渡の限度に応じて法律上当然に競業避止義務を負うこととされます（最高判昭和40年9月22日参照）。

　この場合，事業の重要な一部か否かは，まず譲渡する資産の帳簿価額が譲渡会社の総資産に対する額により判断され，前者の後者に対する割合が20%以下であるときには重要な一部に該当しないとされています（会社法467①二，会社法施行規則134）。ただし，この基準は，定款でこれより小さな比率を定めることもできます。そして，量的基準をクリアしたときには，質的基準の判断が行われます。質的基準としては，会社に対するイメージへの影響などが考慮されることとされています。

　事業譲渡では，会社分割と異なり，事業を構成する債務や契約上の地位を移転するには，個別にその契約相手の同意が必要となります。

　なお，事業譲渡における対価は，金銭であることが多いですが，譲受会社の株式を用いることもできます。この場合には，その事業譲渡は現物出資に該当することとなりますので，原則として裁判所の選任による検査役の調査を受ける必要があります（会社法207）。

Ⅲ M&Aの手続

Q52 基本合意までの流れ

M&Aを行う場合における基本合意までの流れについて教えて下さい。

A 基本合意までの流れとしては，M&A対象の情報収集，M&A対象の選定，仲介機関の選択，M&Aの具体的検討方法の選定，自社の整備，M&A対象に対する打診，条件交渉，基本合意となるでしょう。

解説 ···

　M&Aのすべてを自力で行うのは困難であり，専門的な仲介機関のサポートは必要不可欠となるでしょう。一般的には，金融機関，証券会社，M&A専門業者，会計事務所等がサポート業務を行っています。M&Aは，秘密保持に守られ，当事者が直接交渉することは少なく，仲介機関を通じて相手先企業と交渉をするケースが多いと思われます。

　M&Aに関する意思決定を行うに際して，売手企業に関する実態や問題点の有無を把握するために行う調査のことをデューデリジェンス（Due Diligence）といいます。デューデリジェンスは，法務，財務，事業など，様々な面から行われます。例えば，簿外債務・不良資産の有無，訴訟リスクがないかなど，M&A実行後に不測の損失やリスクが発生することを避けるための調査が主となります。もちろん，デューデリジェンスの結果は，M&A実行の判断や売買

【図表52-1】M&Aの基本合意までの流れ

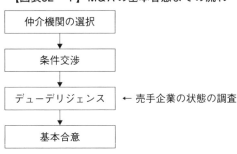

価格の決定にも大きな影響を与えることとされます。

　売手企業は，M&A交渉がスムーズに進み，より有利な条件で売却できるよう，日ごろから財務・法務面を整備するとともに会社の特徴を明確にし，アピールできるようにしておくことが肝要とされます。

Q 53　株式譲渡

株式譲渡を行う場合における基本合意から株式譲渡契約までの流れについて教えて下さい。

A　株式譲渡は，株式の譲渡人と譲受人との間での合意に基づき移転が完了します。そこで，他の手続に比べて簡易とされます。しかし，売却対象会社が譲渡制限会社の場合には，承認機関の株式譲渡承認が必要となります。

（法令・通達）　会社法136，139

解説 ……………………………………………………………………………………

　株式譲渡は，法的規制が少なく手続が簡易なため利用しやすいものとされています。売手と買手が株式譲渡に合意し，代金決済がなされ，株主名簿の名義書換が行われることで手続は完了します。

　売却対象会社が譲渡制限会社の場合，売手は会社に対して株式譲渡承認の申請をし，会社がこれを承認します（会社法136）。承認機関は，取締役会設置会社は取締役会，非設置会社は株主総会とされますが，定款に別段の定めがある場合には定款に定めた機関が承認機関とされます（会社法139）。

　株式譲渡の場合には，株主が株式発行会社に関係させずに行うことも可能とされますが，M&Aを成功させるためには会社の理解が必要となるでしょう。

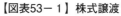

【図表53−1】株式譲渡

基本合意
↓
株式譲渡契約
↓　　　　　　←　売主が会社に株式譲渡承認請求
株式譲渡承認

Q54 合併（消滅会社）

合併を行う場合における消滅会社の基本合意から消滅登記までの流れについて教えて下さい。

A 合併の場合，企業の利害関係者に対する影響力が大きいため事前の決定事項や法的手続が厳密とされています。特に，合併当事者の利害関係者である債権者保護，株主保護の手続が強く要求されています。また，会社の意思決定としては取締役会決議を経たうえで，株主総会の特別決議が必要とされます。合併に反対の株主に対しては，株式買取請求権が与えられます。

（法令・通達） 会社法309②十二，748，782①，783①，785①⑤，789②，921

解説 ……………………………………………………………………………………

合併の場合，売却対象会社は合併により消滅します。

合併契約は，取締役会決議又は取締役の過半数の決定を経て，代表取締役が会社を代表して締結します。そして，合併契約の内容等を記載した書面又は電磁的記録を吸収合併等備置開始日から合併の効力発生日まで本店に備え置くこととされます（会社法748，782①）。吸収合併等備置開始日とは，①株主総会決議の2週間前，②株式又は新株予約権買取請求の通知・公告の日，③債権者に対する公告・催告の日のいずれか早い日とされます。

【図表54－1】合　　併

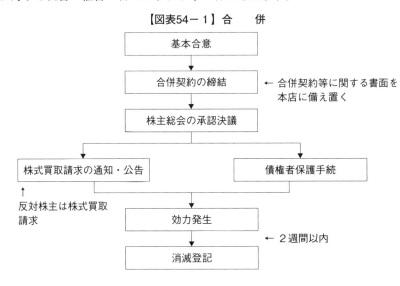

効力発生日の前日までに，合併契約について，株主総会の特別決議による承認を受ける必要があります（会社法783①，309②十二）。合併に反対する株主は，会社に対し，効力発生日前20日の間に，株式を公正な価格で買い取ることを請求することができます（会社法785①⑤）。

さらに，債権者に異議を述べる機会を与えるため，一定事項を官報に公告し，知れたる債権者には格別の催告をします。異議を述べることのできる期間は1ヵ月以上でなければなりません（会社法789②）。

これらの手続終了後，効力発生日から2週間以内に，消滅会社は解散の登記をします（会社法921）。

Q55　株式交換

株式交換を行う場合における基本合意から効力発生までの流れについて教えて下さい。

A　株式交換の場合，企業の利害関係者に対する影響力が大きいため事前の決定事項や法的手続が厳密化されています。特に，株式交換の当事者の利害関係者である債権者保護，株主保護の手続が強く要求されています。

株式交換の特徴としては，完全親会社が，株式・新株予約権等を発行する場合は登記をする必要がありますが，完全子会社は完全親会社が株主になるだけなので，完全子会社では登記をする必要はありません。

（法令・通達）　会社法782①，789①三

解説

株式交換の手続は，合併の手続とほぼ同様とされます。そこで，相違点のみを列挙すれば，次のとおりとされます。
① 株式交換により完全子会社になる会社が債権者保護手続をしなければいけないケースは，承継される新株予約権が新株予約権付社債に付されたものである場合に，その社債権者に対するものだけとされます（会社法789①三）。通常は債権者保護手続を要しません。
② 株式交換契約の内容等を記載した書面又は電磁的記録の備置きは，備置開始日から株式交換の効力発生日後6ヵ月を経過する日までの間とされます（会社法782①）。

③ 株式交換は，株主構成が変わるだけなので，登記の必要はありません。

【図表55－1】株式交換・会社分割

```
┌─────────────────┐
│     基本合意      │
└─────────────────┘
          ↓
┌─────────────────┐
│ 株式交換等契約の締結 │ ← 株式交換（会社分割）契約等に関する
└─────────────────┘     書面を本店に備え置く
          ↓
┌─────────────────┐
│  株主総会の承認決議  │
└─────────────────┘
          ↓
┌─────────────────┐
│ 株式買取請求の通知・公告 │ ← 反対株主は株式買取請求
└─────────────────┘
          ↓
┌─────────────────┐
│     効力発生      │
└─────────────────┘
```

Q56 会社分割

会社分割を行う場合における基本合意から効力発生までの流れについて教えて下さい。

A 会社分割の場合，企業の利害関係者に対する影響力が大きいため事前の決定事項や法的手続が厳密とされています。特に，会社分割の当事者の利害関係者である債権者保護，株主保護の手続が強く要求されています。

会社分割の特徴としては，新設分割の場合は分割契約の承認ではなく，分割計画の承認が必要とされ，労働者保護手続が採られることにあります。

（法令・通達） 会社法789①

解説 ……………………………………………………………………………………

会社分割の手続は，合併の手続とほぼ同様とされます。そこで，相違点のみを列挙すれば，次のとおりとされます。

① 債権者保護手続の対象は，分割により承継会社の債権者となり，かつ，分割会社に債務履行を請求できない債権者に限られます。ただし，承継会社が分割会社から交付を受けた株式を，分割会社の株主に交付する場合（旧商法の人的分割）には，その交付に関して分配可能額の規制が働かないため，分割後に分割会社に債務履行を請求できる債権者も保護の対象となります（会社法789①）。

② 　会社分割契約等の備置期間は，株式交換の場合と同様とされます。

③ 　労働者に対する異議申出手続をしなければなりません。

Q57 事業譲渡

事業譲渡を行う場合における基本合意から効力発生までの流れについて教えて下さい。

A 　事業譲渡の場合は，その譲渡財産の範囲により事前の決定事項や法的手続が異なります。事業譲渡が事業の全部又は重要な一部を譲渡する場合には，取締役決議のみならず株主総会決議が必要とされます。反対株主には，合併等と同様に株式買取請求権が与えられます。

（法令・通達）　会社法309②十一，467①，469

解説 ....

譲渡の対象が総資産の5分の1を超えるときは，株主総会の特別決議により承認を受けなければなりません（会社法467①，309②十一）。また，反対株主には買取請求権が認められます（会社法469）。

事業譲渡の場合，事業を構成する債務や契約上の地位を移転するには，個別に契約の相手方の同意を得なければなりません。

【図表57－1】事業譲渡

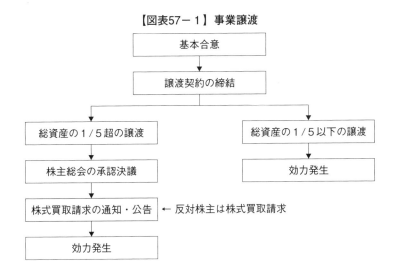

Ⅳ 会社売却価格の算定

Q58 会社売却価格の算定方法

オーナー経営者にとって，長年かけて育てた会社は，かわいい子供のような存在でしょう。その会社を手放すのですから，「できるだけ高く評価してほしい」と考えるのは当然ですが，購入側はあくまでビジネスと考えています。客観的な評価がなければ，両者が合意する売却価格を見出すことはできません。

そこで，株主価値の評価方法は様々で絶対的なものはありませんが，中小企業のM&Aにおいて想定される会社売却価格の算定方法について教えて下さい。

A 中小企業のM&Aにおいて想定される会社売却価格の算定方法としては，①時価純資産法（営業権を含みます），②ディスカウントキャッシュフロー法（DCF法），③類似会社比準法，④中小企業庁方式などがあります。

ただし，会社売却価格の算定方法に絶対的なものはありません。

解説 ……………………………………………………………………………………

1 時価純資産法（営業権を含みます）

会社の保有する資産及び負債をそれぞれ時価に引き直し，資産の時価から負債の時価を引いた価額，いわゆる「時価純資産価額」を算出します。しかし，会社は将来にわたって利益を生み出す存在であり，その価値が時価純資産価額には反映されていません。

そこで，「時価純資産価額」に将来の利益を生む力として「営業権」をプラスして評価したものが会社売却価格の算定方法とされます。この算定方法は，比較的簡単に評価額を求めることができるので，実務上における中小企業のM&Aとして多く採用されているようです。

〔算式〕

株主価値＝時価純資産価額^(注1)＋営業権^(注2)

（注1） 時価純資産価額の留意点は，次のとおりとされます。

①　売掛債権から回収不能額を控除
②　棚卸資産から不良在庫を控除
③　不動産，有価証券を時価評価
④　退職給付引当金等の引当金を計上

（注2）　営業権＝過去3年程度の税引後利益の平均額×3～5年

　　　　営業権の簡便な算定方法としては，過去3年程度の税引後利益の平均額を算出（役員報酬又は生命保険等を標準的なものに引き直します。）し，これに3～5を乗じます。3～5は，現在の利益が将来にわたって予想される年数（安定した企業であれば長め，そうでなければ短め）とされます。

　　　　なお，財産評価基本通達に「営業権」の評価方法が規定されています。この評価方法は，相続税・贈与税の基となる評価額を算定するためのものですので，財産評価の公平性と安全性に主眼が置かれています。個々の企業の特徴が反映されないので，M&Aの価値算定には必ずしも適しませんが，客観的評価として参考になると思われます。

2　ディスカウントキャッシュフロー法（DCF法）

　将来の事業活動から生ずるフリーキャッシュフロー（FCF）の現在価値の合計額を「事業価値」と考えます。これに事業に使われていない遊休資産などの「非事業用価値」をプラスしたものが企業価値とされます。「株主価値」は企業価値から有利子負債をマイナスして求めます。

　「事業価値」を算定するには，通常は5年間程度の事業計画を作成します。

【図表58-1】ディスカウントキャッシュフロー法（DCF法）

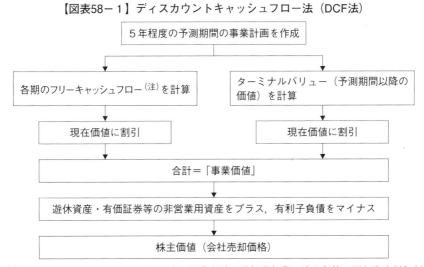

（注）　フリーキャッシュフロー(FCF)＝営業利益＋減価償却費－法人税等－運転資本増加額－資本的支出

　この5年間については，毎年のFCFを現在価値に引き直し，6年目以降は，5年目のFCFが永遠に続くと仮定して，それを現在価値に引き直します。6年目以降の価値をターミナルバリュー（永続価値）といいます。

　将来のFCFを現在価値に引き直すための割引率は，評価する会社で異なり，その計算には専門的知識が必要とされます。割引率が低ければ低いほど評価額は高くなるという関係にあります。非上場会社の場合では，優良会社でも割引率は5％程度が下限とされ，リスクが高い会社では10％超とされるケースもあります。

　株主価値の算定としては，現在最も合理的な方法と考えられていますが，事業計画の作成及び割引率の計算など見積計算が多く，客観性に欠けるという欠点もあります。算定方法が複雑なこともあり，比較的大規模な企業の価値算定に利用されています。

3　類似会社比準法

　類似会社比準方式は，評価対象会社と類似する上場会社の株式市場価額及び評価対象会社の株式の過去の取引における価額を参考として会社売却価格を算出する方式とされます。この方式は，類似の会社や業種の市場における株価の動向が反映されるため客観性が高く，算定も容易な評価方式とされます。しかし，評価会社固有の状況が反映されず，比較対象によって評価が大きく変わるというデメリットが生じます。

〔算式〕

企業価値＝評価企業の利益などの指標×係数(注)

(注)　係数＝類似上場企業の株式時価総額÷利益などの指標

4　中小企業庁方式

　中小企業庁方式とは，平成18年10月に中小企業庁より公表された「事業承継ガイドライン20問20答」のなかで，自社株式売却価格の簡易自己診断方式として紹介された方式とされます。時価純資産価額法とディスカウントキャッシュフロー法（DCF法）を簡便化したものとの併用方式とされます。両方式の重要項目だけが抽出されており，決算書等の数値を記入するだけで容易に算定できるように工夫されています。専門家に依頼することなく算定することができますので，現状の株主価値を試算するのに有用な方法と思われます。

（「事業承継ガイドライン20問20答」はhttps://www.chusho.meti.go.jp/zaimu/shoukei/shoukei20/download/shoukei.pdf）よりダウンロード可）。

【図表58-2】会社売却価格の算定方法のメリット・デメリット

算定方法	概要	メリット	デメリット
時価純資産法（営業権を含みます）	資産及び負債を時価で評価し，その差額を求め，これに営業権をプラス	① 算定が容易 ② 過去の数値を基にするため客観性があること	① 将来の利益が反映されないこと
ディスカウントキャッシュフロー法（DCF法）	将来獲得されるキャッシュフローを，現在価値に還元して評価する方法	① 将来の収益が評価に反映され，投資家のニーズに合致 ② 会計処理方法の違いに影響を受けないこと	① 算定が困難 ② 見積計算が多く，将来計画の作り方によって結果が大きく異なること
類似会社比準法	類似の上場会社を参考として，株主価値を計算する方法	① 算定が容易	① 比較する指標で価値が大きく左右されてしまうこと
中小企業庁方式	時価純資産価額法とDCF法を簡便したものの併用方式	① 算定が容易	① 簡便法であり，あくまでも目安であること

スタッフへのアドバイス

特別寄与料（民法改正）

　「特別寄与料」とは，相続人以外の親族（6親等内の血族，配偶者，3親等内の姻族）が，被相続人の療養看護その他の労務の提供を行ったことにより被相続人の財産の維持又は増加について特別の寄与をした場合，相続人に対して金銭（特別寄与料）の支払請求をすることができる制度とされます（民法1050①）。除斥期間として，特別寄与者が相続の開始及び相続人を知った時から6月を経過した時又は相続開始の時から1年を経過した時には，特別寄与料の支払を請求することはできません（民法1050②）。なお，この改正は，令和元年7月1日以降に開始した相続から施行されます（平成30年改正民法附則2）。

　また，特別寄与料に係る税務上の取扱いは，次のとおりとされます。

① 特別寄与者が支払を受けるべき特別寄与料の額が確定した場合には，その特別寄与者が，その特別寄与料の額に相当する金額を被相続人から遺贈により取得したものとみなして，相続税が課税されます（相法4②）。

② 上記①の事由が生じたため新たに相続税の申告義務が生じた者は，その事由が生じたことを知った日から10月以内に相続税の申告書を提出しなければなりません（相法35②五）。

③ 相続人が支払うべき特別寄与料の額は，当該相続人に係る相続税の課税価格から控除することとされます（相法13④，同法21の15②）。

④ 相続税における更正の請求の特則等の対象に上記①の事由が追加されます（相法32①三，七）。

上記①から③の改正は，令和元年7月1日以後に相続若しくは遺贈又は贈与により取得する財産に係る相続税又は贈与税について適用され，同日前に相続若しくは遺贈又は贈与により取得した財産に係る相続税又は贈与税については，なお従前の例によります（平成31年度改正法附則1三ロ）。ただし，上記④の改正は，令和元年7月1日以後に開始する相続に係る相続税又は贈与税について適用され，同日前に開始した相続に係る更正の請求の特則（旧相法32①三）に規定する返還すべき又は弁済すべき額に係る相続税又は贈与税については，なお従前の例によります（平成31年度改正法附則1三ロ，同附則23④）。

なお，相続又は遺贈により財産を取得した者が，その相続又は遺贈に係る被相続人の1親等等の血族（その被相続人の直系卑属が相続開始以前に死亡し又は相続権を失ったため，代襲して相続人となったその被相続人の直系卑属を含みます。）及び配偶者以外の者である場合においては，その者に係る相続税額を2割加算した金額とされます（相法18①）。

特別寄与料は，相続人以外の親族が，被相続人から遺贈により取得したものとみなされ相続税が課税されますので，相続税額の2割加算の対象とされますので留意して下さい（相法4②）。

第5章
取引相場のない株式等に係る贈与税の納税猶予及び免除の一般・特例制度

> Ⅰ　非上場株式等についての贈与税の納税猶予及び免除の
> 一般制度

Q 59　贈与税の納税猶予及び免除の一般制度の概要

現行の贈与税の納税猶予及び免除の一般制度の概要について教えて下さい。

A　事業後継者の贈与税額のうち非上場株式に係る課税価格に対応する贈与税額の納税が猶予・免除されます。

解説

　贈与税の納税猶予制度とは，円滑化法に基づき都道府県知事の認定を受けた非上場株式等を贈与により取得した後継者について，発行済議決権株式（贈与時の発行済議決権株式の3分の2に達するまで）に係る贈与税額の全額が猶予されるものであり，雇用・株式等の確保を始めとする5年間の事業継続が要件とされます。

【図表59－1】贈与税の納税猶予の一般制度の概要（現行制度）

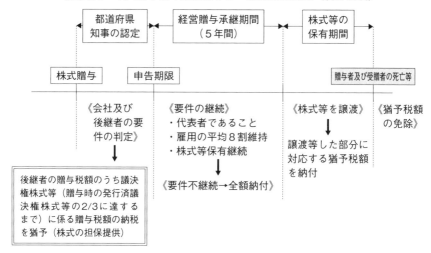

Q60　中小企業者の範囲

贈与税の納税猶予の一般制度の対象となる中小企業者の範囲について教えて下さい。

A　「中小企業における経営の承継の円滑化に関する法律」（以下単に「円滑化法」といいます。）に規定される「中小企業者」とされます。

法令・通達　円滑化法2，円滑化政令1，円滑化省令1①

解説

　円滑化法で規定される「中小企業者」の範囲は，中小企業基本法上の中小企業者である法人又は個人が基本とされています。ただし，労働集約性及び資本効率等を踏まえ一部の業種について，中小企業の範囲が中小企業基本法上の中小企業により拡大されています。

　具体的には，図表60－1に掲げる資本金基準又は従業員数基準のいずれかに該当すれば適用要件を満たすこととなります（円滑化法2，円滑化政令1，円滑化省令1①）。

【図表60－1】中小企業者の範囲

区　　　　　　　分		適　用　要　件	
		資本金基準	従業員数基準
製　造　業 そ　の　他	原　　　　　　　則	3億円以下	300人以下
	ゴム製品製造業（自動車又は航空機 用タイヤ及びチューブ製造業並びに 鉱業用ベルト製造業を除く）（注）		900人以下
卸　　　　　　　売　　　　　　　業		1億円以下	100人以下
小　　　　　　　売　　　　　　　業		5千万円以下	50人以下
サービス業	原　　　　　　　則		100人以下
	旅　　　館　　　業		200人以下
	ソフトウェア・情報処理サービス業	3億円以下	300人以下

(注)　適用対象となる「ゴム製品製造業」には，ゴムホース，ゴム手袋及びゴム草履業など
　　　があります。

Q61　贈与者である先代経営者の定義（平成30年度税制改正前）

平成30年度税制改正前の贈与税の納税猶予制度の対象となる先代経営者の定義について教えて下さい。

A　認定贈与承継会社の代表権を有していた個人で，贈与直前に筆頭株主及び贈与時に認定贈与承継会社の代表者でない者とされます。

（法令・通達）　旧措法70の7①，旧措令40の8①

解説

　贈与税における納税猶予の対象となる先代経営者である認定贈与承継会社の贈与者とは，贈与の直前（その個人がその贈与の直前において認定贈与承継会社の代表権を有しない場合には，その個人がその代表権を有していた期間内のいずれかの時及びその贈与の直前）において，認定贈与承継会社の代表権（制限が加えられた代表権を除きます。）を有していた個人で，図表61－1に掲げる要件のすべてを満たすものとされています（旧措法70の7①，旧措令40の8①）。

【図表61-1】贈与者である先代経営者の適用要件（平成30年度税制改正前）

① 贈与の直前において，その個人及びその個人と特別の関係がある者の有するその認定贈与承継会社の非上場株式等に係る議決権の数の合計が，その認定贈与承継会社の総株主等議決権数の50％超の数であること。
② 贈与の直前において，その個人が有するその認定贈与承継会社の非上場株式等に係る議決権の数が，その個人と特別の関係がある者（その認定贈与承継会社の経営承継受贈者となる者を除きます。）のうちいずれの者が有するその非上場株式等に係る議決権の数をも下回らないこと。
③ 贈与の時において，その個人がその認定贈与承継会社の代表者でないこと。

Q62 贈与者の要件の拡充（平成30年度税制改正）

贈与税の納税猶予及び免除の一般制度について，中小企業経営者の次世代経営者への引継ぎを支援するため贈与者の要件が拡充されたそうですが，その内容について教えて下さい。

A 複数の株主からの贈与も対象とされます。また，経営贈与承継期間（5年）の末日までに贈与税の申告書の提出期限が到来する贈与が対象とされます。

（法令・通達） 措法70の7①・②三ト，措令40の8①，円滑化省令6①七・8

解説

非上場株式等に係る贈与税の納税猶予及び免除の一般制度について，贈与者の要件が非上場株式（議決権に制限のないものに限ります。）を有していた個人（改正前：代表権（制限が加えられた代表権を除きます。）を有していた個人）とされます（措法70の7①）。贈与については，経営贈与承継期間（5年）の末日までにその贈与に係る贈与税の申告書の提出期限（提出期限が延長された場合には，延長前の提出期限）が到来するものが対象とされます（措法70の7①，措令40の8①）。

また，経営承継受贈者（円滑化省令6①七）が，贈与認定中小企業者についても，認定の有効期限内にその贈与に係る申告書の提出期限が到来するものに限り，改正前の納税猶予制度の対象とされます（円滑化省令6）。認定の有効期限は，その認定に係る贈与に係る申告期限の翌日から5年を経過する日とされます（円滑化省令8）。

なお，個人が認定贈与承継会社の非上場株式等について納税猶予及び免除の

I 非上場株式等についての贈与税の納税猶予及び免除の一般制度 117

特例制度（後述する本章のⅡ参照）の規定の適用を受けている場合には，改正後の納税猶予の拡充の適用除外とされます（措法70の7②三ト）。

【図表62-1】贈与者及び特例後継者のイメージ（　　適用対象者）

【一般制度】（改正前）
≪1人の先代経営者から1人の後継者への贈与のみが対象≫

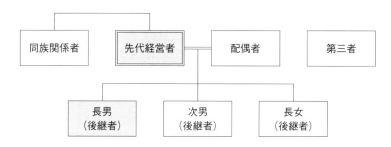

【一般制度】（改正後）
≪贈与者は先代経営者に限定せず，複数でも可能≫
※　贈与時に代表権を有していないこと。

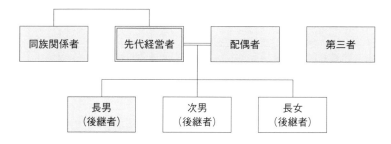

≪1人の後継者が対象≫
　①代表権を有している者に限られます。
　②20歳以上であること。
　③役員就任から3年以上を経過していること。
　④後継者及び後継者と特別の関係がある者で総議決権数の50％超の議決権数を保有することとなること。
　⑤筆頭株主となること。

●関連解説

都道府県知事認定申請時の先代経営者の適用要件

　円滑化法における贈与税の納税猶予の適用対象となる先代経営者である贈与者とは，贈与後における「都道府県知事認定申請時」において，次に掲げる要件の全てを満たす者とされています（円滑化省令6①七ト(7)(8)）。

①　贈与の直前（その贈与者がその贈与直前においてその中小企業者の代表者でない場合には，その贈与者がその代表者であった期間内のいずれかの時及びその贈与の直前）において，その贈与者に係る同族関係者と合わせてその中小企業者の総株主等議決権数の50％超の議決権の数を有し，かつ，その贈与者が有するその株式等の議決権の数がいずれのその同族関係者（その中小企業者の第一種経営承継受贈者となる者を除きます。）が有していたその株式等の議決権の数も下回らなかった者であること。

②　贈与の時において，その中小企業者の株式等の贈与者がその中小企業者の代表者でなく，かつ，その中小企業者の株式等について既に円滑化法第12条第1項の都道府県知事の認定（第7号及び第9号の事由に係るものに限ります。）に係る贈与をしたことがないこと。

Q63　猶予税額の免除事由の拡充（平成30年度税制改正）

贈与税の納税猶予及び免除の一般制度について，既に改正前の制度の適用を受けた者であっても贈与税の納税猶予及び免除の特例制度の適用対象とされるケースがあるそうですが，その内容について教えて下さい。

A　納税猶予の免除事由について，経営贈与承継期間（5年）の末日の翌日以後に，贈与税の納税猶予及び免除の特例制度の適用に係る贈与をした場合には，その適用を受けることが可能とされます。

法令・通達　措法70の7①・⑮三，70の7の2⑯二，70の7の3②，70の7の5①，措令40の8㊴，40の8の2㊹，40の8の3①，40の8の4㉑，措規23の9㉙三

解説

　「贈与税の納税猶予及び免除の一般制度（措法70の7①）」の規定の適用を受ける経営承継受贈者が，経営贈与承継期間の末日の翌日（経営贈与承継期間内にその経営承継受贈者がその有する対象受贈非上場株式等に係る認定贈与承継

会社の代表権を有しないこととなった場合には，その有しないこととなった日）以後に，対象受贈非上場株式等につき「贈与税の納税猶予及び免除の一般制度（措法70の7①）」又は「贈与税の納税猶予及び免除の特例制度（措法70の7の5①）」の規定の適用に係る贈与をした場合には，贈与の直前における猶予中贈与税額のうち，その贈与をした対象受贈非上場株式等の数又は金額に対応する部分の金額に相当する贈与税が免除されます。

　この場合において，その経営承継受贈者は，その適用に係る贈与税の申告書を提出した日以後6月を経過する日までに，「免除届出書」・「免除申請書」を納税地の所轄税務署長に提出しなければなりません（措法70の7⑮三，措令40の8㊴，措規23の9㉙三）。

　つまり，平成30年度税制改正では，既に贈与税の納税猶予及び免除の一般制度の適用を受けている2代目経営者が，経営贈与承継期間（5年）の末日の翌日以後に3代目経営者に再贈与（平成30年1月1日から令和9年12月31日までの期間中の贈与に限ります。以下同じ。）したケースについては，贈与税の納税猶予及び免除の特例制度の適用が可能とされます。

　また，経営贈与承継期間内に身体障害等のやむを得ない理由により経営承継受贈者（2代目経営者）が認定贈与承継会社の代表者でなくなった場合で，3代目経営者に再贈与したケースについても，贈与税の納税猶予及び免除の特例制度の適用が可能とされます（**Q76**参照）。

　なお，相続税の納税猶予及び免除の一般制度についても同様とされます（措法70の7の2⑯二，70の7の3②，措令40の8の2㊹，40の8の3①，40の8の4㉑）。

【図表63－1】 3代目に再贈与する場合の納税猶予制度の拡充

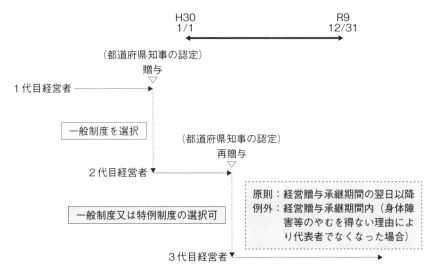

Q64 適用関係

Q62及びQ63における納税猶予の一般制度の拡充の適用関係について教えて下さい。

A 平成30年1月1日から令和9年12月31日までの時限措置として適用されます。また，既に一般制度の適用を受けている者も経営贈与承継期間（5年）内であれば，他の贈与者からの贈与についても一般制度の対象とされます。

（法令・通達） 平成30年度改正法附則118⑳㉑，平成30年度改正令附則44⑤

解説 ···

Q62及びQ63の改正は，平成30年1月1日以後に贈与により取得する非上場株式等に係る贈与税について適用され，平成30年1月1日前に贈与により取得した非上場株式等に係る贈与税については，なお従前の例によります（平成30年度改正法附則118⑳）。

なお，図表64－1に掲げる者は，経営承継受贈者（措法70の7②三）とみなして，改正後の「贈与税の納税猶予及び免除の一般制度（措法70の7①～④⑮

㉚）」の規定（図表64－1①②に掲げる経営承継受贈者にあっては，措法70条の7第15項の規定）が適用されます（平成30年度改正法附則118㉑，平成30年度改正令附則44⑤）。

【図表64－1】経営承継受贈者の経過措置

① 所得税法等の一部を改正する法律（平成22年法律第6号）第18条の規定による改正前の贈与税の納税猶予及び免除の制度の規定の適用を受けている経営承継受贈者（平成22年旧措法70の7②三）
② 現下の厳しい経済状況及び雇用情勢に対応して税制の整備を図るための所得税法等の一部を改正する法律（平成23年法律第82号）第17条の規定による改正前の贈与税の納税猶予及び免除の制度の規定の適用を受けている経営承継受贈者（平成23年旧措法70の7②三）
③ 所得税法等の一部を改正する法律（平成25年法律第5号）第8条の規定による改正前の贈与税の納税猶予及び免除の制度の規定の適用を受けている経営承継受贈者（平成25年旧措法70の7②三）
④ 所得税法等の一部を改正する法律（平成27年法律第9号）第8条の規定による改正前の贈与税の納税猶予及び免除の制度の規定の適用を受けている経営承継受贈者（平成27年旧措法70の7②三）
⑤ 所得税法等の一部を改正する等の法律（平成29年法律第4号）第12条の規定による改正前の贈与税の納税猶予及び免除の制度の規定の適用を受けている経営承継受贈者（平成29年旧措法70の7②三）
⑥ 旧租税特別措置法第70条の7第1項の規定の適用を受けている経営承継受贈者（旧措法70の7②三）

Q65　納税猶予及び免除の一般制度（平成30年度税制改正後）

平成30年度税制改正後の贈与税の納税猶予及び免除の一般制度の適用要件について教えて下さい。

A　都道府県知事の認定を受けた非上場株式等を贈与により取得した後継者について，贈与時の発行済議決権株式の3分の2に達するまでに係る贈与税額が納税猶予されます。

（法令・通達）　措法70の7①，措令40の8①②，措通70の7－2

解説

認定贈与承継会社の非上場株式等（議決権に制限のないものに限ります。以下同じ。）を有していた個人（以下「贈与者」といいます。）が，経営承継受贈

者にその認定贈与承継会社の非上場株式等の贈与（経営贈与承継期間の末日までに贈与税の申告書の提出期限が到来する贈与に限ります。）をした場合において，その贈与が図表65－1に掲げる場合の区分に応じそれぞれに定める贈与であるときは，その経営承継受贈者のその贈与の日の属する年分の贈与税で贈与税の申告書の提出により納付すべきもののうち，その非上場株式等でこの規定の適用を受けようとする旨の記載があるもの（贈与の時におけるその認定贈与承継会社の発行済議決権株式等の総数等の3分の2に達するまでの部分に限ります。以下「対象受贈非上場株式等」といいます。）に係る納税猶予分の贈与税額に相当する贈与税については，その年分の贈与税の申告書の提出期限までに納税猶予分の贈与税額に相当する担保を提供した場合に限り，その贈与者の死亡の日までその納税が猶予されます（措法70の7①，措令40の8①，措通70の7－2）。なお，発行済議決権株式等の総数等の3分の2に達するまでの部分として計算したものに1株未満の端数がある場合には，その端数は切り上げます（措令40の8②）。

【図表65－1】納税猶予の対象となる贈与

区　　　　　分	対　象　と　な　る　贈　与
① 贈与の直前にその中小企業者の株式等の贈与者が有していたその株式等の数等が，発行済株式等の総数等の3分の2から経営承継受贈者が有していたその認定贈与承継会社の非上場株式等の数等を控除した残数等以上の場合	その控除した残数等以上の数等に相当する株式等の贈与
② 上記①に掲げる場合以外の場合	その贈与者がその贈与の直前において有していたその認定贈与承継会社の非上場株式等のすべての贈与

Q66　贈与税における適用対象会社

贈与税の納税猶予の適用対象会社の範囲について教えて下さい。

A 中小企業者のうち都道府県知事の「認定」を受けた認定贈与承継会社とされます。

（法令・通達）　措法70の7②一，措令40の8⑤〜⑧，措規23の9③④，会社法2二・108①八，風営法2⑤

解説 ……………………………………………………………………………

　贈与税の納税猶予制度の適用対象者である「認定贈与承継会社」は，図表60
－1に掲げる中小企業者のうち都道府県知事の「認定」を受けた会社（合併に
よりその会社が消滅した場合には，その会社に相当するものとして一定で定め
るもの）で，贈与の時において，図表66－1に掲げる要件のすべてを満たすも
のをいいます（措法70の7②一，措令40の8⑤～⑦，措規23の9③④）。

【図表66－1】認定贈与承継会社の適用要件

区分	適　用　要　件
従業員数	その会社の常時使用従業員の数が1人以上であること。
	その会社の特別関係会社^(注)が外国会社（会社法2二）に該当する場合（支配関係がある法人がその特別関係会社の株式等を有する場合に限ります。）にあっては，その会社の常時使用従業員の数が5人以上であること（措法70の7②一ホ）。 （注）「特別関係会社」とは，円滑化法認定を受けた会社，その会社の代表権を有する者及びその代表権を有する者と特別な関係がある者が有する他の会社の株式数に係る議決権の合計額が，その他の会社に係る総株主等議決権数の50％を超える場合におけるその会社とされます（措令40の8⑦）。
非上場株式等	その会社及びその会社と特別の関係がある会社（以下「会社等」といいます。）の株式等が，非上場株式等に該当すること。
適用除外会社	その会社が，資産保有型会社又は資産運用型会社のうち一定で定めるものに該当しないこと。 （注）「資産保有型会社」とは，有価証券，自ら使用していない不動産，現金・預金等の特定資産の保有割合が総資産の70％以上の会社とされます。また，「資産運用型会社」とは，これら特定資産からの運用収入が総収入金額の75％以上の会社とされます（措令40の8⑤）。
	その会社及び特定特別会社^(注1)が風俗営業会社^(注2)に該当しないこと。 （注1）「特定特別会社」とは，特定会社と密接な関係を有する会社として一定の要件を満たす会社とされます（措令40の8⑧）。 （注2）「風俗営業会社」とは，性風俗関連特殊営業に関する事業を営む会社（ソープランド，テレクラ等）をいうのであって，バー，パチンコ及びゲームセンター等は含まれません（風営法2⑤）。
円滑な事業運営の確保	上記のほか，会社の円滑な事業の運営を確保するために必要とされる要件として次の要件を備えているものであること。 ①　都道府県知事認定を受けた会社のその贈与の日の属する事業年度の直前の事業年度（その贈与の日がその贈与の日の属する事業年度の末日である場合には，その贈与の日の属する事業年度及びその事業年度の直前の事業年度）における総収入金額が，零を超えること。 ②　都道府県知事認定を受けた会社が発行する拒否権を認めた種類の株式（会社法108①八）をその都道府県知事認定を受けた会社に係る経営承継受贈者以外の者が有していないこと。 ③　都道府県知事認定を受けた会社と特別関係会社が，図表60－1に掲げる中小企業者に該当すること。

Q 67 資産保有型会社の定義

Q66の図表66-1における適用除外会社のうち資産保有型会社の定義について教えて下さい。

A 有価証券，自ら使用していない不動産，現金・預金等の特定資産の保有割合が総資産の70％以上の会社とされます。

法令・通達　措法70の7①・②七ロ・②八，70の7の5，措令40の8⑲，40の8の2㉕，措規23の9⑭，23の10⑬，措通70の7-11，70の7の5-6，円滑化省令1⑫二イ〜ホ

解説

認定贈与承継会社の資産状況を確認する期間（認定贈与承継会社の「贈与税の納税猶予及び免除（措法70の7①）」の規定の適用に係る贈与の日の属する事業年度の直前の事業年度の開始の日からその認定贈与承継会社に係る経営承継受贈者の「猶予中贈与税額（措法70の7②七ロ）」に相当する贈与税の全部につき，納税の猶予に係る期限が確定する日までの期間とされます。）内のいずれかの日において，次に掲げる算式の要件を満たす会社とされます（措法70の7②八，措令40の8⑲，措規23の9⑭，措通70の7-11）。

ただし，平成31年度税制改正により，資産保有型会社の適用要件について，事業活動のために必要な資金を調達するための資金の借入れ，その事業の用に供していた資産の譲渡又はその資産について生じた損害に基因した保険金の取得その他事業活動上生じていた偶発的な事由でこれらに類するもの等やむを得ない事情により認定承継会社等が資産保有型会社に該当した場合においても，その該当した日から6月以内にこれらの会社に該当しなくなったときは，納税猶予の取消事由に該当しないこととされました（措令40の8⑲，40の8の2㉕，措規23の9⑭，23の10⑬）。この改正は，平成31年4月1日以後にそれぞれに定めるやむを得ない事由が生ずる場合について適用されます（平成31年度改正措令附則38⑨⑩，平成31年度改正措規附則1一）。

なお，「贈与税の納税猶予及び免除の特例（措法70の7の5）」においても同様とされます（措法70の7の5②三，措通70の7の5-6）。

〔算式〕

（B＋C）／（A＋C）≧　70％

A：そのいずれかの日におけるその会社の総資産の貸借対照表に計上されている帳簿価額の総額

B：そのいずれかの日におけるその会社の特定資産^{（注）}の貸借対照表に計上されている帳簿価額の合計額（円滑化省令1⑫二イ～ホ）

　（注）「特定資産」とは，現金，預貯金，有価証券，自社で自ら使用していない不動産（例：販売用不動産，賃貸用不動産等），ゴルフ場その他の施設利用権，絵画，彫刻，工芸品，貴金属，宝石，第一種経営受贈者と特別な関係がある者（措令40の8⑳）に対する貸付金・未収入金等とされます（円滑化省令1⑫二イ～ホ）。

C：そのいずれかの日以前5年以内において，経営承継受贈者及びその経営承継受贈者と特別の関係がある者がその会社から受けた次に掲げるa及びbに掲げる金額の合計額

　a：その会社から受けたその会社の株式等に係る剰余金の配当又は利益の配当（最初の対象贈与の時前に受けたものを除きます。）の額

　b：その会社から支給された給与（債務の免除による利益その他の経済的な利益を含み，最初の対象贈与の時前に支給されたものを除きます。）の額のうち，「役員給与の損金不算入（法法34）」又は「過大な使用人給与の損金不算入（法法36）」の規定によりその会社の各事業年度の所得の金額の計算上損金の額に算入されないこととなる金額^{（注）}

　（注）　その損金の額に算入されないこととなる金額が，最初の対象贈与の時前又はその対象贈与の時以後のいずれに属するものか区分することができないときは，その区分することができない金額をその対象贈与の日の属する事業年度の開始の日からその対象贈与の日の前日までの日数と適用対象贈与の日からその事業年度の末日までの日数がそれぞれその事業年度の日数に占める割合によりあん分します。この場合において，あん分後の金額に1円未満の端数があるときは，その端数金額を切り捨てることができます。

Q 68　資産運用型会社の定義

Q66の図表66−1における適用除外会社のうち資産運用型会社の定義について教えて下さい。

 　特定資産からの運用収入が総収入金額の75％以上の会社とされます。

法令・通達　措法70の7①・②七ロ・九，70の7の5②四，措令40の8⑲㉒，40の8の2㉗，措規23の9⑭⑯，23の10⑭，措通70の7−11，70の7の5−6

解説

認定贈与承継会社の資産の運用状況を確認する期間（認定贈与承継会社の「贈与税の納税猶予及び免除（措法70の7①）」の規定の適用に係る贈与の日の属する事業年度の直前の事業年度の開始の日からその認定贈与承継会社に係る経営承継受贈者の「猶予中贈与税額（措法70の7②七ロ）」に相当する贈与税の全部につき，納税の猶予に係る期限が確定する日までの期間とされます。）内のいずれかの事業年度において，次に掲げる算式の要件を満たす会社とされます（措法70の7②九，措令40の8⑲，措規23の9⑭，措通70の7−11）。

ただし，平成31年度税制改正により，資産運用型会社の適用要件について，事業活動のために必要な資金を調達するための特定資産の譲渡その他事業活動上生じた偶発的な事由でこれらに類するもの等やむを得ない事情により認定承継会社等が資産運用型会社に該当した場合においても，その該当した日から6月以内にこれらの会社に該当しなくなったときは，納税猶予の取消事由に該当しないこととされました（措令40の8㉒，40の8の2㉗，措規23の9⑯，23の10⑭）。この改正は，平成31年4月1日以後にそれぞれに定めるやむを得ない事由が生ずる場合について適用されます（平成31年度改正措令附則38⑨⑩，平成31年度改正措規附則1一）。

なお，「贈与税の納税猶予及び免除の特例（措法70の7の5）」においても同様とされます（措法70の7の5②四，措通70の7の5−6）。

〔算式〕

Ｂ／Ａ≧　75％

Ａ：そのいずれかの事業年度における総収入金額

Ｂ：そのいずれかの事業年度における特定資産の運用収入の合計額

Q69　資産保有型会社又は資産運用型会社の適用除外となる会社

Q67及びQ68に掲げる資産保有型会社又は資産運用型会社に該当する場合であっても贈与税の納税猶予制度の適用対象会社として認定贈与承継会社とされるケースがあるそうですが，その内容について教えて下さい。

A　特定資産に係る有価証券から特別関係会社（いわゆる子会社株式）を除外して判定し，かつ，不動産からは販売用・賃貸用不動産を除外して判定することとされ，持株会社及び不動産賃貸会社等も事業実態のある会社は贈与税の納税猶予及び免除の適用を受けることが可能とされます。

（法令・通達）　措法70の７②一ロ・八・九，70の７の５②一ロ，措令40の８⑥，40の８の５⑤，措規23の９⑤，23の12の２④

解説 ……………

　認定贈与承継会社の適用除外会社である「資産保有型会社又は資産運用型会社のうち一定で定めるもの，いわゆる都道府県知事の認定を受けることが可能とされる会社（図表66－１参照）」とは，資産保有型会社又は資産運用型会社（以下「資産保有型会社等」といいます。）のうち，贈与税の納税猶予及び免除の規定の適用に係る贈与の時において，図表69－１に掲げる要件の全てに該当するものとされます（措法70の７②一ロ，措令40の８⑥，措規23の９⑤）。

　なお，「贈与税の納税猶予及び免除の特例（措法70の７の５）」においても同様とされます（措法70の７の５②一ロ，措令40の８の５⑤，措規23の12の２④）。

【図表69－1】都道府県知事の認定を受けることが可能とされる資産保有型会社等

① その資産保有型会社等の特定資産からその資産保有型会社等が有するその資産保有型会社等の特別関係会社（図表66－1参照）で次に掲げる要件の全てを満たすものの株式等を除いた場合であっても，その資産保有型会社等が資産保有型会社（措法70の7②八）又は資産運用型会社（措法70の7②九）に該当しないこと。
　イ　その特別関係会社が，その贈与の日まで引き続き３年以上にわたり，商品販売等(注)を行っていること。
　　（注）「商品販売等」とは，商品の販売，資産の貸付け（経営承継受贈者及びその経営承継受贈者と特別の関係がある者に対する貸付けを除きます。）又は役務の提供で，継続して対価を得て行われるものをいい，その商品の開発若しくは生産又は役務の開発を含みます。
　ロ　その贈与の時において，その特別関係会社の常時使用従業員（経営承継受贈者及び当該経営承継受贈者と生計を一にする親族を除きます。以下単に「親族外従業員」といいます。）の数が５人以上であること。
　ハ　その贈与の時において，その特別関係会社が，上記ロの親族外従業員が勤務している事務所，店舗，工場その他これらに類するものを所有し，又は賃借していること。
② その資産保有型会社等が，次に掲げる要件の全てを満たす資産保有型会社（措法70の7②八）又は資産運用型会社（措法70の7②九）であること。
　イ　その資産保有型会社等が，その贈与の日まで引き続き３年以上にわたり，商品の販売等を行っていること。
　ロ　その贈与の時において，その資産保有型会社等の親族外従業員の数が５人以上であること。
　ハ　その贈与の時において，その資産保有型会社等が，上記ロの親族外従業員が勤務している事務所，店舗，工場その他これらに類するものを所有し，又は賃借していること。

Q70　経営承継受贈者の定義

贈与税の納税猶予及び免除の一般制度の対象株式の受贈者，いわゆる経営承継受贈者の定義について教えて下さい。

A 贈与の時において①認定贈与承継会社の代表権を有していること，②20歳以上であること，③役員就任から３年以上経過していること，④贈与時に50％超の同族株主グループに帰属すること，⑤同族株主グループ内で筆頭株主に該当していること等の要件を満たす一の者とされます。

法令・通達　措法70の7②三，70の7の5①，70の7の6①，70の7の8①，措令40の8⑧〜⑪，措規23の9⑨，円滑化省令6①七ト

解説

　贈与税における納税猶予の対象となる後継者は，「経営承継受贈者」と規定されています。経営承継受贈者とは，贈与者から贈与により認定贈与承継会社の非上場株式等の取得をした個人で，図表70－1に掲げる要件の全てを満たす者（その者が2以上ある場合には，認定贈与承継会社が定めた一の者に限ります。）とされます（措法70の7②三，措令40の8⑧～⑪，措規23の9⑨）。

　なお，円滑化法における適用対象となる後継者は，「第一種経営承継受贈者」と規定されており，その内容は図表70－1と同様とされています（円滑化省令6①七ト）。

【図表70－1】経営承継受贈者（第一種経営承継受贈者）の適用要件

①　その個人が，贈与の時において20歳以上であること。
②　その個人が，贈与の時において，その認定贈与承継会社の代表権（制限が加えられた代表権を除きます。）を有していること。
③　贈与の時において，その個人及びその個人と特別の関係がある者の有するその認定贈与承継会社の非上場株式等に係る議決権の数の合計が，その認定贈与承継会社の総株主等議決権数の50％超の数であること。
④　贈与の時において，その個人が有するその認定贈与承継会社の非上場株式等に係る議決権の数が，その個人と上記③に規定する特別の関係がある者のうちいずれの者が有するその認定贈与承継会社の非上場株式等に係る議決権の数をも下回らないこと。
⑤　その個人が，その贈与の時からその贈与の日の属する年分の贈与税の申告書の提出期限（その提出期限前にその個人が死亡した場合には，その死亡の日）まで引き続きその贈与により取得をしたその認定贈与承継会社の対象受贈非上場株式等の全てを有していること。
⑥　その個人が，その贈与の日までに引き続き3年以上にわたりその認定贈与承継会社の役員又は業務を執行する社員の地位を有していること。
⑦　その個人が，その認定贈与承継会社の非上場株式等について「非上場株式等についての贈与税の納税猶予及び免除の特例（措法70の7の5①）」，「非上場株式等についての相続税の納税猶予及び免除の特例（措法70の7の6①）」又は「非上場株式等の特例贈与者が死亡した場合の相続税の納税猶予及び課税の特例（措法70の7の8①）」の規定の適用を受けていないこと。

●関連解説

1　経営承継受贈者を判定する場合等の議決権の数の意義（措通70の7—12：図表70－1③④）

　経営承継受贈者の要件を判定（措法70の7②三ハ及びニ）する場合の「議決権の数（措法70の7②三ハ）」及び「総株主等議決権数（措法70の7②三ハ）」並びに「議

決権の数（措法70の7②三二）」には，次の①及び②に掲げる株式等に係る議決権の数が含まれることとされます。

① 株主総会等において議決権を行使できる事項の一部について制限がある株式等

② 株主総会等において議決権を行使できる事項の一部について制限がある株主等が有する株式等

（注） 上記要件の判定は，対象受贈非上場株式等の贈与直後の株主等の構成により行うこととされます。

なお，「贈与税の納税猶予及び免除の特例（措法70の7の5）」においても同様とされます（措通70の7の5－10）。

2 役員である期間の意義（措通70の7－13：図表70－1⑥）

「その個人がその贈与の日までに引き続き3年以上にわたりその認定贈与承継会社の役員又は業務を執行する社員の地位を有していること（措法70の7②三ヘ）」の要件は，その個人が対象贈与の日からさかのぼって3年目の応当日から対象贈与の日までの間（以下「直近3年間」といいます。），継続して，認定贈与承継会社が株式会社の場合にはその役員（取締役，会計参与及び監査役をいいます。）としての地位を，持分会社の場合にはその業務を執行する社員としての地位を有することをいうこととされます。

（注1） 直近3年間において，その地位を有しない期間がある場合には，上記の要件は満たさないこととされます。

（注2） その地位は，直近3年間においてその地位のいずれかを有していれば，同一の地位を有する必要はないこととされます。

なお，「贈与税の納税猶予及び免除の特例（措法70の7の5）」においても同様とされます（措通70の7の5－11）。

Q71 贈与税の納税猶予及び免除の基本的な流れ

贈与税の納税猶予及び免除の一般制度における基本的な手続の流れについて教えて下さい。

A 認定に係る贈与の日の属する年の翌年の1月15日までに，「第一種特別贈与認定中小企業者に係る認定申請書（様式第7）」その他添付書類を都道府県知事に提出し，認定を受けることとされます。

（法令・通達） 円滑化法12①，円滑化省令7②⑩

解説 ‥‥‥‥‥‥‥‥‥‥‥‥‥‥‥‥‥‥‥‥‥‥‥‥‥‥‥‥‥‥‥‥‥‥‥‥‥

都道府県知事の認定を受けようとする会社である中小企業者は，その認定に

係る贈与の日の属する年の翌年の1月15日までに、「第一種特別贈与認定中小企業者に係る認定申請書（様式第7）」による申請書に、その申請書の写し1通及び一定の書類を添付して、都道府県知事に提出し、認定を受けることとされます（円滑化省令7②）。

　また、都道府県知事は、上記申請を受けた場合において、その認定（円滑化法12①）をしたときは「認定書（様式第9）」を交付し、その認定をしない旨の決定をしたときは「認定をしない旨の通知書（様式第10）」により申請者である中小企業者に対して通知しなければなりません（円滑化省令7⑩）。

【図表71－1】都道府県知事の認定の基本的な手続

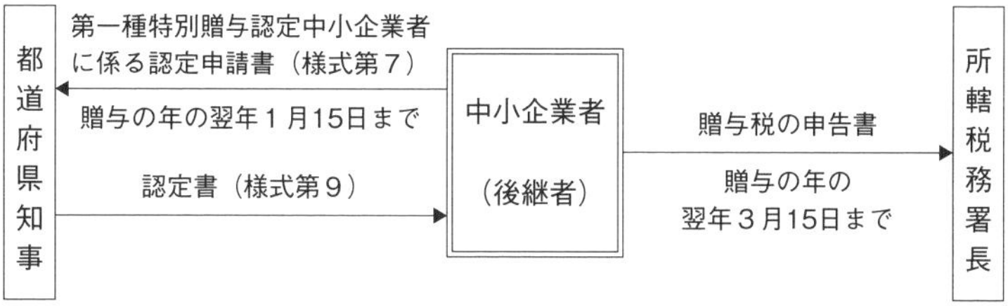

Q72　都道府県知事の認定

贈与税の納税猶予及び免除の一般制度における都道府県知事の認定を受けるための適用要件について教えて下さい。

A　円滑化法における都道府県知事の認定と贈与税の納税猶予及び免除の一般制度における都道府県知事の認定の適用要件は同様とされます。

法令・通達　措法70の7②四，措規23の9⑪，円滑化法12①一，円滑化政令2，円滑化省令6①七，会社法108①八

解説

　都道府県知事の認定は、申請者である中小企業者が、図表72－1に掲げる要件のいずれにも該当する場合であって、その中小企業者の代表者（その代表者に係る贈与者から贈与の時以後において代表者である者に限ります。以下同じ。）が贈与により取得したその中小企業者の株式等に係る贈与税を納付することが見込まれることが認定の要件とされます（円滑化法12①一，円滑化政令

2．円滑化省令6①七）。

　贈与税の納税猶予及び免除の一般制度における都道府県知事の認定とは，「中小企業における経営の承継の円滑化に関する法律第12条第1項（円滑化省令第6条第1項第7号又は第9号で定める事由に係るものに限ります。）の都道府県知事の認定をいいます」と規定されています（措法70の7②四，措規23の9⑪）。そこで，贈与税の納税猶予及び免除の一般制度の適用を受けるためにも，図表72－1の認定の適用要件を満たす必要があります。

【図表72－1】都道府県知事の認定の適用要件

① 　贈与の時以後に上場会社等又は風俗営業会社のいずれにも該当しないこと。
② 　贈与の日の属する事業年度の直前の事業年度の開始の日以後において，資産保有型会社に該当しないこと。
③ 　第一種贈与認定申請基準事業年度（注1）においていずれも資産運用型会社に該当しないこと。
　（注1）　「第一種贈与認定申請基準事業年度」とは，贈与の日の属する事業年度の直前事業年度及びその贈与の日の属する事業年度から第一種贈与認定申請基準日（注2）の翌日の属する事業年度の直前事業年度までの各事業年度とされます。
　（注2）　「第一種贈与認定申請基準日」とは，贈与の日が1月1日から10月15日までのいずれかの日である場合には「その10月15日」，その贈与の日が10月16日から12月31日までのいずれかの日である場合には「その贈与の日」とされます。
④ 　第一種贈与認定申請基準事業年度においていずれも総収入金額（営業外収益及び特別利益を除きます。）が零を超えること。
⑤ 　贈与の時において，その中小企業者の常時使用する従業員の数が1人以上（その中小企業者の特別子会社が外国法人に該当する場合等にあっては5人以上）であること。
⑥ 　贈与の時以後，その中小企業者の特別子会社が上場会社等，大法人又は風俗営業会社のいずれにも該当しないこと。
⑦ 　中小企業者の代表者が第一種経営承継受贈者（図表70－1参照）であること。
⑧ 　その贈与が，次のイ又はロの区分に応じ，イ又はロに掲げる贈与であること。
　イ　贈与の直前にその中小企業者の株式等の贈与者が有していたその株式等の数等が，発行済株式等の総数等の3分の2からその中小企業者の第一種経営承継受贈者となる代表者が有していたその株式等の数等を控除した残数等以上の場合
　　…その控除した残数等以上の数等に相当する株式等の贈与
　ロ　上記イに掲げる場合以外の場合
　　…その中小企業者の株式等の贈与者がその贈与の直前において有していたその株式等のすべての贈与
⑨ 　中小企業者が拒否権を認めた種類の株式（会社法108①八）を発行している場合は，贈与の時以後においてその株式をその中小企業者の代表者（その中小企業者の第一種経営承継受贈者となる者に限ります。）以外の者が有していないこと。

⑩　第一種贈与認定申請基準日におけるその中小企業者の常時使用する従業員の数が贈与の時における常時使用する従業員の数に80％を乗じて計算した数（1未満の端数を切り捨てた数。ただし，その贈与の時における常時使用する従業員の数が1人のときは，1人とされます。）を下回らないこと。

●関連解説

第一種特別贈与認定中小企業者に係る認定申請書（様式第7）の添付書類
　贈与税の納税猶予及び免除の一般制度の適用を受けようとする場合の都道府県知事の認定を受けよう場合における添付書類は，次のとおりとされます（円滑化省令7②）。
①　贈与に係る第一種贈与認定申請基準日のその中小企業者の定款の写し
②　贈与の直前（第一種経営承継贈与者がその贈与の直前においてその中小企業者の代表者（代表権を制限されている者を除きます。以下同じ。）でない場合にあってはその第一種経営承継贈与者がその代表者であった期間内のいずれかの時及びその贈与の直前。以下同じ。），贈与の時及び贈与に係る第一種贈与認定申請基準日におけるその中小企業者の株主名簿の写し（その中小企業者が持分会社である場合，贈与の直前及び贈与の時における定款の写し）
③　登記事項証明書（贈与に係る第一種贈与認定申請基準日以後に作成されたものに限り，その第一種経営承継贈与者がその贈与の直前においてその中小企業者の代表者でない場合にあってはその第一種経営承継贈与者が代表者であった旨の記載のある登記事項証明書を含みます。）
④　その第一種経営承継受贈者が贈与により取得したその中小企業者の株式等に係る贈与契約書の写しその他のその贈与の事実を証する書類及びその株式等に係る贈与税の見込額を記載した書類
⑤　贈与の時及び贈与に係る第一種贈与認定申請基準日におけるその中小企業者の従業員数証明書
⑥　その中小企業者のその贈与に係る第一種贈与認定申請基準事業年度の計算書類（貸借対照表，損益計算書，株主資本等変動計算書及び個別注記表）その他これらに類する書類^(注)（会社法435②）
　　（注）「その他これらに類する書類」とは，事業報告，固定資産台帳，勘定科目内訳書及び所得の金額の計算に関する明細書（法人税別表四）等とされます。
⑦　贈与の時からその贈与に係る第一種贈与認定申請基準日までの間においてその中小企業者が上場会社等又は風俗営業会社のいずれにも該当しない旨の誓約書
⑧　次に掲げる誓約書
　イ　贈与の時において，その中小企業者の特別子会社が外国会社に該当する場合であってその中小企業者又はその中小企業者による支配関係がある法人がその特別子会社の株式又は持分を有しないときは，その有しない旨の誓約書
　ロ　贈与の時からその贈与に係る第一種贈与認定申請基準日までの間において，

その中小企業者の特定特別子会社が上場会社等，大会社又は風俗営業会社のいずれにも該当しない旨の誓約書
⑨　贈与の時におけるその第一種経営承継贈与者及びその親族の戸籍謄本等並びにその贈与の時におけるその第一種経営承継受贈者及びその親族の戸籍謄本等
⑩　上記①から⑨に掲げるもののほか，都道府県知事の認定の参考となる書類

Q73　納税猶予分の贈与税額の計算方法

贈与税の納税猶予及び免除の一般制度を受ける場合における納税猶予される贈与税額の計算方法について教えて下さい。

A　暦年課税又は相続時精算課税を適用して，贈与を受けた全ての財産の価額の合計額を基礎として計算した通常の贈与税額から納税猶予分の贈与税額を控除した金額が納付すべき贈与税額とされます。

法令・通達　措法70の7②五，措令40の8⑬，措通70の7－6，70の7－14

解説

その年中に贈与を受けた全ての財産の価額の合計額を基礎したものとして計算した通常の贈与税額から対象贈与株式のみを受贈したものとして計算した贈与税額（納税猶予分の贈与税額）を控除した金額が納付すべき贈与税額とされます。

納税猶予分の贈与税額は，図表73－1に掲げる区分に応じそれぞれに掲げる金額とされます（措法70の7②五）。

この場合において，納税猶予分の贈与税額に百円未満の端数があるとき又はその全部が百円未満であるときは，その端数金額又はその全部を切り捨てて計算します（措令40の8⑬）。

【図表73－1】納税猶予分の贈与税額の計算方法

区　分	納　税　猶　予　分　の　贈　与　税　額
暦 年 課 税	贈与株式のみを受贈したものとして計算した贈与税額
相続時精算課　　税	相続時精算課税を選択した贈与者ごとに，贈与株式の合計額から特別控除額2,500万円（前年以前にこの特別控除の適用を受けた金額がある場合には，その金額を控除した残額）を控除した残額に20％を乗じて計算した贈与税額

(注)　対象受贈非上場株式等に係る認定贈与承継会社又はその認定贈与承継会社の特別関係会社であってその認定贈与承継会社との間に支配関係がある法人（以下「認定贈与承継会社等」といいます。）が外国会社（その認定贈与承継会社の特別関係会社に該当するものに限ります。）等を有する場合には，その認定贈与承継会社等がその株式等を有していなかったものとして計算した価額とされます（措通70の7－14）。

〔贈与税の納税猶予の具体的な計算〕

　当社は製造業を行う中小企業者（期末資本金5千万円，従業員100人）に該当する会社です。

　代表者である私は，長男を後継者とする事業承継を行おうと考えておりますが，自社株式を生前贈与した場合の贈与税額を納税猶予できる制度があると聞きました。

　そこで，次のケースの場合には，納税猶予される贈与税はいくらになるのか教えて下さい。

≪ケース1：贈与者が全株贈与した場合≫

・発行済株式：3,000株

・贈与直前の株主：贈与者3,000株，経営承継受贈者0株

・1株当たりの相続税評価額：100,000円

・贈与者→経営承継受贈者：3,000株贈与の場合

≪ケース2：贈与者が2,000株贈与した場合≫

・発行済株式：3,000株

・贈与直前の株主：贈与者3,000株，経営承継受贈者0株

・1株当たりの相続税評価額：100,000円

・贈与者→経営承継受贈者：2,000株贈与の場合

≪ケース3：贈与者が2,000株贈与（経営承継受贈者の持株数が500株）した場合≫

・発行済株式：3,000株

・贈与直前の株主：贈与者2,500株，経営承継受贈者500株

・1株当たりの相続税評価額：100,000円

・贈与者→経営承継受贈者：2,000株贈与の場合

〔具体的な計算例〕

≪ケース１：贈与者が全株贈与した場合≫

（１）　通常の贈与税額の計算

① 課 税 価 格　3,000株×100,000円＝300,000,000円

② 基礎控除額　1,100,000円

③ 贈 与 税 額　①－②＝298,900,000円

298,900,000円×55％－6,400,000円＝157,995,000円

（２）　納税猶予分の贈与税額の計算

① 対象受贈非上場株式等　　3,000株×2/3＝2,000株

② 課 税 価 格　2,000株×100,000円＝200,000,000円

③ 基礎控除額　1,100,000円

④ 贈 与 税 額　②－③＝198,900,000円

198,900,000円×55％－6,400,000円＝102,995,000円

（３）　納付税額　（１）－（２）＝55,000,000円

≪ケース２：贈与者が2,000株贈与した場合≫

（１）　通常の贈与税額の計算

① 課 税 価 格　2,000株×100,000円＝200,000,000円

② 基礎控除額　1,100,000円

③ 贈 与 税 額　①－②＝198,900,000円

198,900,000円×55％－6,400,000円＝102,995,000円

（２）　納税猶予分の贈与税額の計算

① 対象受贈非上場株式等　　3,000株×2/3＝2,000株

② 課 税 価 格　2,000株×100,000円＝200,000,000円

③ 基礎控除額　1,100,000円

④ 贈 与 税 額　②－③＝198,900,000円

198,900,000円×55％－6,400,000円＝102,995,000円

（３）　納付税額　（１）－（２）＝０円

≪ケース３：贈与者が2,000株贈与（経営承継受贈者の持株数が500株）した場合≫

（１）　通常の贈与税額の計算

① 課 税 価 格　2,000株×100,000円＝200,000,000円

② 基礎控除額　1,100,000円

③ 贈 与 税 額　①－②＝198,900,000円

198,900,000円×55％－6,400,000円＝102,995,000円

（2）　納税猶予分の贈与税額の計算

① 対象受贈非上場株式等　　3,000株×2/3－500株＝1,500株

② 課 税 価 格　1,500株×100,000円＝150,000,000円

③ 基礎控除額　1,100,000円

④ 贈 与 税 額　②－③＝148,900,000円

148,900,000円×55％－6,400,000円＝75,495,000円

（3）　納付税額　（1）－（2）＝27,500,000円

【実務上の留意点】

　贈与税の納税猶予の規定は，対象受贈非上場株式等の贈与に係る贈与税についての期限後申告，修正申告又は更正に係る税額については適用がありません。

　ただし，修正申告又は更正があった場合で，その修正申告又は更正が期限内申告において贈与税の納税猶予制度の適用を受けた対象特例受贈非上場株式等の評価又は税額計算の誤りのみに基づいてされるときにおける修正申告又は更正により納付すべき贈与税額（附帯税を除きます。）については，当初からこの規定の適用があることとして取り扱うこととされます。

　この場合において，修正申告又は更正により納税猶予を受ける贈与税の本税の額とその本税に係る利子税の額に相当する担保については，修正申告書の提出の日又は更正に係る通知書が発せられた日の翌日から起算して1月を経過する日までに提供する必要があります（措通70の7－6）。

Q74　納税猶予税額の免除

納税猶予期間中において贈与者の死亡等があった場合においては，猶予されている贈与税額が免除されるそうですが，その内容について教えて下さい。

A　贈与者の死亡等があった場合には，「免除届出書」・「免除申請書」を提出することにより，その死亡等のあったときにおいて納税が猶予されている贈

与税の全部又は一部についてその納税が免除されます。

法令・通達) 措法70の7⑮，措令40の8㊳㊴，措規23の9㉙

解説 ……………………………………………………………………………………

　贈与税の納税猶予及び免除の一般制度の適用を受ける経営承継受贈者又は贈与者が図表74-1のいずれかに掲げる場合に該当することとなったときには，それぞれに定める贈与税が免除されます。

　この場合において，経営承継受贈者又は経営承継受贈者の相続人は，その該当することとなった日から同日以後6月（図表74-1の②に掲げる場合に該当することとなった場合にあっては，10月）を経過する日までに，「免除届出書」・「免除申請書」を納税地の所轄税務署長に提出しなければなりません（措法70の7⑮，措令40の8㊳㊴，措規23の9㉙）。

【図表74-1】 納税猶予税額の免除

免　除　事　由　の　区　分	免　除　さ　れ　る　税　額
① 贈与者の死亡の時以前に経営承継受贈者が死亡した場合	猶予中贈与税額（全額）
② 贈与者が死亡した場合	猶予中贈与税額のうち，贈与者が贈与をした対象受贈非上場株式等に対応する部分の金額
③ 経営贈与承継期間内に経営承継受贈者がその有する対象受贈非上場株式等に係る認定贈与承継会社の代表権を有しないこととなった場合には，その有しないこととなった日以後に，経営承継受贈者が対象受贈非上場株式等につき免除対象贈与をした場合	猶予中贈与税額のうち，免除対象贈与に係る対象受贈非上場株式等に対応する部分の金額
④ 経営贈与承継期間の末日の翌日以後に，経営承継受贈者が対象受贈非上場株式等につき免除対象贈与をした場合	

Q75　経営贈与承継期間内の納税猶予税額の全部確定

経営承継受贈者又は認定贈与承継会社において，都道府県知事の認定の取消しがあった場合又は経営贈与承継期間中に対象受贈非上場株式等の一部を譲渡した場合など一定の事由に該当することとなったときには，納税猶予制度が取り消され猶予税額の全額を利子税を含めて納付することとなるそうですが，その具体的な確定事由の内容について教えて下さい。

A　経営贈与承継期間内に，①代表者であること，②雇用の平均8割維持，③株式等保有継続など要件不継続となった場合には納税猶予税額が取り消されます。

（法令・通達）　措法70の7③，70の7の5③，措令40の8㉓㉔，措規23の9⑥⑰〜⑲，措通70の7の5-14，70の7の5-16〜19，会社法108①八，447①，448①，626①，768①一，773①五，会計規88①四・六

解説

　経営贈与承継期間内に経営承継受贈者又は対象受贈非上場株式等（合併によりその対象受贈非上場株式等に係る認定贈与承継会社が消滅した場合等には，その対象受贈非上場株式等に相当するものとして一定で定めるもの。以下同じ。）に係る認定贈与承継会社について，図表75-1に掲げる事由に該当することとなった場合には，それぞれに定める日から2月を経過する日（その2月を経過する日までの間にその経営承継受贈者が死亡した場合には，その経営承継受贈者の相続人（包括受遺者を含みます。以下同じ。）がその経営承継受贈者の死亡による相続の開始があったことを知った日の翌日から6月を経過する日）をもって猶予税額に係る期限とされます（措法70の7③，措令40の8㉓㉔㉕，措規23の9⑥⑰〜⑲）。

　なお，「贈与税の納税猶予及び免除の特例（措法70の7の5）」においても同様とされます（措法70の7の5③，措通70の7の5-14，70の7の5-16〜19）。

【図表75-1】 猶予税額の全額納付

納 税 猶 予 の 取 消 事 由	該当する日
① 経営承継受贈者がその有する対象受贈非上場株式等に係る認定贈与承継会社の代表権を有しないこととなった場合（その代表権を有しないこととなったことについて認定承継会社が合併により消滅した場合等やむを得ない理由がある場合を除きます。）	その有しないこととなった日
② 従業員数確認期間内に存する各基準日（その提出期限の翌日から1年を経過するごとの日とされます。）におけるその対象受贈非上場株式等に係る認定贈与承継会社の常時使用従業員の数の合計を従業員数確認期間の末日において従業員数確認期間内に存する基準日の数で除して計算した数が，その常時使用従業員の雇用が確保されているものとしてその贈与の時における常時使用従業員の数に100分の80を乗じて計算した数を下回る数となった場合	従業員数確認期間の末日
③ 経営承継受贈者およびその個人と特別の関係がある者の有する議決権の数（その対象受贈非上場株式等に係る認定贈与承継会社の非上場株式等に係るものに限ります。）の合計がその認定贈与承継会社の総株主等議決権数の100分の50以下となった場合	その100分の50以下となった日
④ 経営承継受贈者とその個人と特別の関係がある者のうちいずれかの者が，その経営承継受贈者が有する適用対象非上場株式等に係る認定贈与承継会社の非上場株式等に係る議決権の数を超える数のその非上場株式等に係る議決権を有することとなった場合	その有することとなった日
⑤ 経営承継受贈者がその適用対象非上場株式等の一部の譲渡又は贈与（以下「譲渡等」といいます。）をした場合	その譲渡等をした日
⑥ 経営承継受贈者がその適用対象非上場株式等の全部の譲渡等をした場合（適用対象非上場株式等に係る認定贈与承継会社が株式交換又は株式移転（以下「株式交換等」といいます。）により他の会社の株式交換完全子会社等（会社法768①一，773①五）となった場合を除きます。）	その譲渡等をした日
⑦ 認定贈与承継会社が会社分割をした場合又は組織変更をした場合	その効力を生じた日
⑧ 対象受贈非上場株式等に係る認定贈与承継会社が解散をした場合（合併により消滅する場合を除きます。）又は会社法その他の法律の規定により解散をしたものとみなされた場合	その解散をした日又はそのみなされた解散の日
⑨ 対象受贈非上場株式等に係る認定贈与承継会社が資産保有型会社又は資産運用型会社のうち一定で定めるものに該当することとなった場合	その該当することとなった日
⑩ 対象受贈非上場株式等に係る認定贈与承継会社の事業年度における総収入金額（営業外収益（会計規88①四）又は特別利益（会計規88①六）以外のもの）が零となった場合	その事業年度終了の日

⑪　対象受贈非上場株式等に係る認定贈与承継会社が，資本金の額の減少（会社法447①，626①）をした場合又は準備金の額の減少（会社法448①）をした場合（会社法第309条第2項第9号イ及びロに該当する場合その他これに類する場合として一定で定める場合を除きます。）	その資本金の額の減少又はその準備金の額の減少がその効力を生じた日
⑫　経営承継受贈者が納税猶予の適用を受けることをやめる旨を記載した届出書を納税地の所轄税務署長に提出した場合	その届出書の提出があった日
⑬　対象受贈非上場株式等に係る認定贈与承継会社が合併により消滅した場合（その合併によりその認定贈与承継会社に相当するものが存する場合として一定で定める場合を除きます。）	その合併の効力を生じた日
⑭　対象受贈非上場株式等に係る認定贈与承継会社が株式交換等により他の会社の株式交換完全子会社等となった場合（その株式交換等によりその認定贈与承継会社に相当するものが存する場合として一定で定める場合を除きます。）	その株式交換等がその効力を生じた日
⑮　対象受贈非上場株式等に係る認定贈与承継会社の株式等が非上場株式等に該当しないこととなった場合	その該当しないこととなった日
⑯　特例受贈非上場株式等に係る認定贈与承継会社又はその認定贈与承継会社と特定特別関係会社が風俗営業会社に該当することとなった場合	その該当することとなった日
⑰　上記①～⑯に掲げる場合のほか，経営承継受贈者による対象受贈非上場株式等に係る認定贈与承継会社の円滑な事業の運営に支障を及ぼすおそれがある場合として次に定める事由が生じた場合	
ア　対象受贈非上場株式等に係る認定贈与承継会社が拒否権を認めた種類株式（会社法108①八）を発行している場合には，認定贈与承継会社に係る経営承継受贈者以外の者が有することとなったとき	その有することとなった日
イ　対象受贈非上場株式等に係る認定贈与承継会社（株式会社であるものに限ります。）がその対象受贈非上場株式等の全部又は一部の種類を株主総会において議決権を行使することができる事項につき制限のある株式に変更した場合	その変更をした日
ウ　対象受贈非上場株式等に係る認定贈与承継会社（持分会社であるものに限ります。）が定款の変更によりその認定贈与承継会社に係る経営承継受贈者が有する議決権の制限をした場合	その有することとなった日
エ　対象受贈非上場株式等に係る贈与者がその対象受贈非上場株式等に係る認定贈与承継会社の代表権を有することとなった場合	その有することとなった日

●関連解説

1 代表権を有しないこととなった場合の意義（措通70の7―16：図表75−1①）
　次のいずれかをいうこととされます。
　ただし，次のいずれかに該当する場合であっても経営承継受贈者が，①精神障害者保険福祉手帳（障害等級が1級である者）の交付を受けたこと，②身体障害者手帳（身体上の障害の程度が1級又は2級である者）の交付を受けたこと，③要介護認定（要介護認定等の審査及び判定の基準等が一定の区分に該当する者）を受けたこと，に掲げるいずれかの事由（措規23の9⑮）に該当するときは，「代表権を有しないこととなった場合」には該当しません。
① 経営承継受贈者が有していた制限のない代表権を有しないこととなった場合
② 経営承継受贈者が有していた制限のない代表権に制限が加えられた場合

2 従業員数確認期間内（措法70の7③二：図表75−1②）
　その対象受贈非上場株式等に係る認定贈与承継会社の非上場株式等について納税猶予及び免除（措法70の7①，70の7の2①）の規定の適用を受けるために提出する最初の贈与税の申告書又は相続税の申告書の提出期限の翌日から同日以後5年を経過する日（その経営承継受贈者又はその経営承継受贈者に係る贈与者が同日までに死亡した場合には，その死亡の日の前日）までの期間とされます。

3 対象受贈非上場株式等の譲渡等の判定（措通70の7―17：図表75−1⑤⑥）
　対象受贈非上場株式等の全部又は一部の譲渡等があったかどうかの判定は，次の順序により行うこととされます。
① 「贈与税の納税猶予及び免除（措法70の7①）」の規定の適用を受ける経営承継受贈者が認定贈与承継会社の非上場株式等で対象株式等（対象受贈非上場株式等，対象非上場株式等（措法70の7の2①）及び対象相続非上場株式等（措法70の7の4①）とされます。以下同じ。）以外のものを有する場合において，その認定贈与承継会社の非上場株式等の譲渡等（譲渡又は贈与とされます。以下同じ。）をしたとき（図表74−1③の適用に係る贈与をしたときを除きます。）は，その対象株式等以外の非上場株式等から先に譲渡等をしたものとみなします（措令40の8⑥）。
② 「贈与税の納税猶予及び免除（措法70の7①）」の規定の適用を受けようとする経営承継受贈者が，その有する対象株式等の譲渡等をした場合には，その対象株式等のうち先に取得をしたもの（その先に取得をしたものが「贈与税の納税猶予及び免除（措法70の7①）」の規定の適用に係る贈与により取得をした対象受贈非上場株式等である場合には，その対象受贈非上場株式等のうち先に「贈与税の納税猶予及び免除（措法70の7①）」又は「贈与税の納税猶予及び免除の特例（措法70の7の5①）」の規定の適用を受けた他の経営承継受贈者又は特例経営承継受贈者に係るもの）から順次譲渡等をしたものとみなされます（措令40の8㉖）。

4 譲渡等をした日の意義（措通70の7―18：：図表75−1⑤⑥）
　その譲渡等の効力が発生した日をいいますが，具体的には次に掲げる場合の区分

に応じそれぞれに定める日とされます。

① 株券発行会社（会社法117⑥）の場合：株券の交付を行った日

② 株券不発行会社の場合：譲渡契約効力発生の日

　（注）　ただし，株券不発行会社の株式について書面によらない贈与を行った場合には，株主名簿の名義変更の日とされます。

5　確定事由となる資産保有型会社又は資産運用型会社の意義（措通70の7―20：図表75-1⑨）

「納税猶予の対象とならない資産保有型会社又は資産運用型会社の意義（措通70の7―11）」の規定を準用して判定することとされます。

この場合において，「対象贈与の日の属する事業年度の直前の事業年度の開始の日」とあるのは「贈与税の申告期限の翌日」と，「贈与税の申告期限」とあるのは「措置法第70条の7第2項第7号ロに規定する猶予中贈与税額に相当する贈与税の全部につき納税の猶予に係る期限が確定する日」と，「第40条の8第6項」とあるのは「第40条の8第24項」とされます。

6　経営承継受贈者が非上場株式等についての納税猶予の適用を取りやめる場合の期限（措通70の7―22：図表75-1⑫）

贈与税の納税猶予及び免除の規定の適用を受けている経営承継受贈者からその適用を受けることをやめる旨の届出書の提出があった日から2月を経過する日（その届出書の提出があった日からその2月を経過する日までの間に経営承継受贈者が死亡した場合には，経営承継受贈者の相続人（包括受遺者を含みます。）がその経営承継受贈者の死亡による相続の開始があったことを知った日の翌日から6月を経過する日）となることから，その納税猶予に係る贈与税の額及びその贈与税の額に係る利子税の額の納付の有無に関わらず，その2月を経過する日に確定します。

7　非上場株式等に該当しないこととなった場合等の意義（措通70の7―25：図表75-1⑮）

次に掲げる区分に応じそれぞれに定める日とされます。

① 金融商品取引所（金融商品取引所に類するものであって　外国に所在するものを含みます。）への上場又はその上場の申請がなされた場合（措規23の9⑥一）

　　その上場の申請がなされた日（申請が不要の場合には，その上場がなされた日）

② 店頭売買有価証券登録原簿（店頭売買有価証券登録原簿に類するものであって外国に備えられているものを含みます。）への登録若しくは当該登録の申請がなされた場合（措規23の9⑥三）

　　その登録の申請がなされた日（申請が不要の場合には，その登録がなされた日）

Q76 経営贈与承継期間内の納税猶予税額の一部確定

経営贈与承継期間内に身体障害等のやむを得ない理由により経営承継受贈者が認定贈与承継会社の代表者でなくなった場合で，対象受贈非上場株式等を次の後継者に贈与したときの贈与税の納税猶予の取扱いについて教えて下さい。

A 経営承継受贈者が対象受贈非上場株式等の贈与をし，その贈与を受けた者が非上場株式等に係る贈与税の納税猶予制度の適用を受けるときは，経営承継受贈者の猶予中贈与税額のうち，その贈与を受けた者が納税猶予制度の適用を受ける対象受贈非上場株式等に対応する額が免除されます。

（法令・通達） 措法70の7①⑮三，70の7の5①⑪，措令40の8㊴，措規23の9㉙

解説

経営贈与承継期間内に「贈与税の納税猶予及び免除（措法70の7①）」の規定の適用を受ける経営承継受贈者が，その有する対象受贈非上場株式等に係る認定贈与承継会社の代表権を有しないこととなった場合（身体障害等のやむを得ない理由によりその経営承継受贈者が認定贈与承継会社の代表者でなくなった場合に限ります。）において，その経営承継受贈者がその対象受贈非上場株式等の一部について「贈与税の納税猶予及び免除（措法70の7①）」又は「贈与税の納税猶予及び免除の特例（措法70の7の5①）」の規定の適用に係る贈与をしたときは，贈与の直前における猶予中贈与税額のうち，その贈与をした対象受贈非上場株式等の数又は金額に対応する部分の金額に相当する贈与税が免除されます。

この場合において，その経営承継受贈者は，その適用に係る贈与税の申告書を提出した日以後6月を経過する日までに，「免除届出書」・「免除申請書」を納税地の所轄税務署長に提出しなければなりません（措法70の7⑮三，措令40の8㊴，措規23の9㉙）。

なお，「贈与税の納税猶予及び免除の特例（措法70の7の5①）」についても同様とされます（措法70の7の5⑪）。

Q77　経営贈与承継期間後の納税猶予税額の確定

経営贈与承継期間後において，対象受贈非上場株式等の一部を譲渡した場合
など一定の事由に該当することとなったときには，猶予中贈与税額のうち，
その譲渡等をした対象受贈非上場株式等に対応する部分の額として計算した
金額を納付することとなるそうですが，その具体的な内容について教えて下
さい。

A　納税が猶予されている贈与税のうち，譲渡等をした部分に対応する贈与
税及び利子税を併せて納付することとされます。

（法令・通達）　　措法70の7①⑤，70の7の5①③，会社法447①，448①，626①，
757，763，768①一，773①五，会計規88①四・六

解説 ……………………………………………………………………………

　経営贈与承継期間の末日の翌日から猶予中贈与税額に相当する贈与税の全部
につき納税の猶予に係る期限が確定する日までの間において，「贈与税の納税
猶予及び免除（措法70の7①）」の規定の適用を受ける経営承継受贈者又は対
象受贈非上場株式等に係る認定贈与承継会社について，図表77－1に掲げる事
由に該当することとなった場合には，それぞれに定める贈与税については，そ
れぞれに定める日から2月を経過する日（それぞれに定める日からその2月を
経過する日までの間にその経営承継受贈者が死亡した場合には，その経営承継
受贈者の相続人がその経営承継受贈者の死亡による相続の開始があったことを
知った日の翌日から6月を経過する日）をもって納税の猶予に係る期限とされ
ます（措法70の7⑤）。

　なお，「贈与税の納税猶予及び免除の特例（措法70の7の5①）」についても
同様とされます（措法70の7の5③）。

【図表77－1】猶予税額の確定

確　定　事　由	納税確定税額	該当する日
①　経営承継受贈者がその適用対象非上場株式等の全部の譲渡等をした場合（適用対象非上場株式等に係る認定贈与承継会社が株式交換等により他の会社の株式交換完全子会社等（会社法768①一，773①五）となった場合を除きます。）	猶予中贈与税額	その譲渡等をした日
②　対象受贈非上場株式等に係る認定贈与承継会社が解散をした場合（合併により消滅する場合を除きます。）又は会社法その他の法律の規定により解散をしたものとみなされた場合		その解散をした日又はそのみなされた解散の日
③　対象受贈非上場株式等に係る認定贈与承継会社が資産保有型会社又は資産運用型会社のうち一定で定めるものに該当することとなった場合		その該当することとなった日
④　対象受贈非上場株式等に係る認定贈与承継会社の事業年度における総収入金額（営業外収益（会計規88①四）又は特別利益（会計規88①六）以外のもの）が零となった場合		その事業年度終了の日
⑤　対象受贈非上場株式等に係る認定贈与承継会社が，資本金の額の減少（会社法447①，626①）をした場合又は準備金の額の減少（会社法448①）をした場合（会社法第30条第2項第9号イ及びロに該当する場合その他これに類する場合として一定で定める場合を除きます。）		その資本金の額の減少又はその準備金の額の減少がその効力を生じた日
⑥　経営承継受贈者が納税猶予の適用を受けることをやめる旨を記載した届出書を納税地の所轄税務署長に提出した場合		その届出書の提出があった日
⑦　経営承継受贈者がその対象受贈非上場株式等の一部の譲渡等をした場合	猶予中贈与税額のうち，譲渡等をした対象受贈非上場株式等の数又は金額に対応する部分の額として計算した金額	その譲渡等をした日
⑧　認定贈与承継会社が合併により消滅した場合	猶予中贈与税額（合併に際して吸収合併存続会社等の株式等の交付があった場合には，その株式等の価額に対応する部分の額として計算した金額を除きます。）	その合併がその効力を生じた日

⑨　認定贈与承継会社が株式交換等により他の会社の株式交換完全子会社等となった場合	猶予中贈与税額（株式交換等に際して他の会社の株式等の交付があった場合には，その株式等の価額に対応する部分の額として計算した金額を除きます。）	その株式交換等がその効力を生じた日
⑩　認定贈与承継会社が会社分割をした場合（会社分割に際して吸収分割承継会社（会社法757）又は新設分割設立会社等（会社法763）の株式等を配当財産とする剰余金の配当があった場合に限ります。）	猶予中贈与税額のうち，その会社分割に際して認定贈与承継会社から配当されたその吸収分割承継会社等の株式等の価額に対応する部分の額として計算した金額	その会社分割がその効力を生じた日
⑪　認定贈与承継会社が組織変更をした場合（その組織変更に際してその認定贈与承継会社の株式等以外の財産の交付があった場合に限ります。）	猶予中贈与税額のうち，その組織変更に際して認定贈与承継会社から交付されたその認定贈与承継会社の株式等以外の財産の価額に対応する部分の額として計算した金額	その組織変更がその効力を生じた日

Q78　継続届出書及び年次報告書の提出

贈与税の納税猶予及び免除の一般制度の適用を受ける経営承継受贈者は，税務署長及び都道府県知事に継続届出書及び年次報告書を提出しなければならないと聞きましたが，これら継続届出書等の提出の内容について教えて下さい。

A　贈与税及び円滑化法は，贈与税申告期限から5年間は1年ごとに，継続届出書及び年次報告書の提出義務があり，それぞれの届出書等の提出期限は，贈与税は「5月を経過する日」とされており，円滑化法は「3月を経過する日」とされています。また，贈与税では，5年後においても猶予中相続税額の

全額の納税猶予に係る期限が確定するまでは，税務署長に３年ごとに届出書等の提出義務があります。

> 法令・通達　措法70の７①⑨，70の７の５①⑥，措令40の８㊱，40の８の５⑳，措規23の９㉓，23の12の２⑮，措通70の７−35，70の７の５−21，円滑化省令12①②

解説

　「贈与税の納税猶予及び免除（措法70の７①）」の規定の適用を受ける経営承継受贈者は，その贈与の日の属する年分の贈与税の申告書の提出期限の翌日から猶予中贈与税額の全部につき納税猶予に係る期限が確定するまでの間に経営贈与報告基準日が存する場合には，届出期限（第１種贈与基準日の翌日から５月を経過する日及び第２種贈与基準日の翌日から３月を経過する日とされます。以下同じ。）までに，引き続いて贈与税の納税猶予の規定の適用を受けたい旨及び対象受贈非上場株式等に係る認定贈与承継会社の経営に関する事項を記載した継続届出書を納税地の所轄税務署長に提出する必要があります（措法70の７⑨，措令40の８㊱，措規23の９㉓）。

　また，継続届出書は，特例対象贈与に係る第１種贈与基準日の翌日から５月を経過するごとの日及び第２種贈与基準日の翌日から３月を経過するごとの日までに提出する必要がありますが，その提出期間は，それぞれ第１種贈与基準日の翌日からその５月を経過するごとの日までの期間及び第２種贈与基準日の翌日からその３月を経過するごとの日までの期間として取り扱われます（措通70の７−35）。

　これに対して，円滑化法では，都道府県知事の認定を受けた中小企業者（以下「第１種特別贈与認定中小企業者」といいます。）は，その認定に係る贈与に係る贈与税申告期限から５年間，その贈与税申告期限の翌日から起算して１年を経過するごとの日（以下「第１種贈与報告基準日」といいます。）の翌日から３月を経過する日までに「年次報告書（様式第11）」に，その報告書の写し１通及び一定の書類を添付して，都道府県知事に提出するものとされます（円滑化省令12①②）。

　都道府県知事は，上記報告を受けた場合において，それぞれの内容の確認をしたときは，申請者である第１種特別贈与認定中小企業者等に対して「確認書（様式第16）」を交付することとします（円滑化省令12㉛）。

　なお，「贈与税の納税猶予及び免除の特例（措法70の７の５①）」についても同様とされます（措法70の７の５⑥，措令40の８の５⑳，措規23の12の２⑮，措通70の７の５－21）。

【図表78－１】継続届出書及び年次報告書の提出

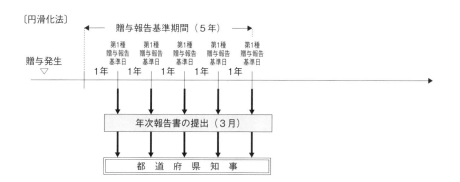

●関連解説：贈与税における経営贈与報告基準日（措法70の７②七，措通70の７－35(注)）

　経営贈与報告基準日とは，図表78－２に掲げる期間の区分に応じ，それぞれ次に定める日とされます。

【図表78－２】経営贈与報告基準日

	区　　　分	経営贈与報告基準日
第１種贈与基準日	経営贈与承継期間	その贈与の日の属する年分の贈与税の申告書の提出期限の翌日から１年を経過するごとの日
第２種贈与基準日	猶予中相続税額に相当する贈与税の全部につき，納税の猶予に係る期限が確定する日までの期間	経営贈与承継期間の末日の翌日から３年を経過するごとの日

Q79　継続届出書の記載事項

Q78における「継続届出書」の記載事項について教えて下さい。

A　贈与税における継続届出書の記載事項と円滑化法における年次報告書（様式第11）の記載事項（円滑化省令12①）の内容は基本的に一致しています。

法令・通達　措法70の7①④⑤㉑，措令40の8⑲㉒㊱，措規23の9㉕，円滑化省令12①

解説 ···

　継続届出書には，引き続いて「贈与税の納税猶予及び免除（措法70の7①）」の規定の適用を受けたい旨及び図表79－1に掲げる事項を記載し，かつ，一定の書類（Q80を参照）を添付することとされます（措令40の8㊱，措規23の9㉕）。

【図表79－1】継続届出書の記載事項

① 経営承継受贈者の氏名及び住所
② 贈与者から贈与により対象受贈非上場株式等の取得をした年月日
③ 対象受贈非上場株式等に係る認定贈与承継会社の名称及び本店の所在地
④ 届出書を提出する日の直前の経営贈与報告基準日までに終了する各事業年度（経営贈与報告基準日の直前の経営贈与報告基準日及び贈与税の申告書の提出期限までに終了する事業年度を除きます。）における総収入金額
⑤ 経営贈与報告基準日における猶予中贈与税額
⑥ 経営贈与報告基準日において経営承継受贈者が有する対象受贈非上場株式等の数又は金額及び経営承継受贈者に係る贈与者の氏名
⑦ その経営贈与報告基準日が経営贈与承継期間の末日の翌日以後である場合には，認定贈与承継会社に係る次に掲げる事項（経営贈与報告基準日（以下単に「報告基準日」といいます。）の直前の経営贈与報告基準日の翌日からその報告基準日までの間において，認定贈与承継会社が資産保有型会社又は資産運用型会社であるとした場合に図表69－1②のイからハまでに掲げる要件の全てを満たしているときは，その旨及びイに掲げる事項）
　イ　報告基準日の属する事業年度の直前の事業年度末における資本金の額及び準備金の額又は出資の総額
　ロ　報告基準日の属する事業年度の直前の事業年度末における資産保有型会社の総資産の帳簿価額の総額，特定資産の帳簿価額の合計額及び5年以内に経営承継受贈者等がその会社から受けた剰余金の配当等の額等の合計額，これらの明細及びその割合
　ハ　報告基準日の属する事業年度の直前の事業年度における資産運用型会社の総収入金額，運用収入の合計額，これらの明細およびその割合

　ニ　報告基準日の直前の経営贈与報告基準日の翌日からその報告基準日までの間に「資産保有型会社となる判定期間の見直し（措令40の8⑲ただし書き）」又は「資産運用型会社となる判定期間の見直し（措令40の8㉒ただし書き）」に規定する場合（平成31年度税制改正）に該当することとなったた場合（前述したQ67及びQ68のただし書き参照）には，次に掲げる事項

　　⑴　「資産保有型会社となる判定期間の見直し（措令40の8⑲ただし書き）」又は「資産運用型会社となる判定期間の見直し（措令40の8㉒ただし書き）」に規定する事由の詳細及びこれらの事由の生じた年月日

　　⑵　「資産保有型会社となる判定期間の見直し（措令40の8⑲ただし書き）」の割合を100分の70未満に減少させた事情又は「資産運用型会社となる判定期間の見直し（措令40の8㉒ただし書き）」の割合を100分の75未満に減少させた事情の詳細及びこれらの事情の生じた年月日又は事業年度

⑧　前回の経営贈与報告基準日の翌日から経営贈与報告基準日までの間に認定贈与承継会社が商号の変更をした場合，本店の所在地を変更した場合，合併により消滅した場合，株式交換等により他の会社の株式交換完全子会社等となった場合，会社分割をした場合，組織変更をした場合又は解散（会社法その他の法律の規定により解散をしたものとみなされる場合の当該解散を含みます。）をした場合には，その旨

⑨　前回の経営贈与報告基準日の翌日から経営贈与報告基準日までの間において納税の猶予に係る期限が到来した猶予中贈与税額がある場合（措法70の7④⑤）には，その該当したかの別及び該当した日並びに猶予中相続税額及びその明細

⑩　「経営環境環境に応じた差額減免制度（措法70の7㉑）」の規定の適用を受けた場合（報告基準日の直前の経営贈与報告基準日の翌日からその報告基準日までの間に再計算免除贈与税の額の通知があった場合に限ります。）には，その適用を受けた旨，認可決定日並びにその金額及び再計算免除贈与税の額

⑪　その他参考となるべき事項

●関連解説：年次報告書（様式第11）の記載事項

　都道府県知事の認定を受けた第1種特別贈与認定中小企業者は，その認定に係る贈与に係る贈与税申告期限から5年間，その贈与税申告期限の翌日から起算して1年を経過するごとの日（以下「第1種贈与報告基準日」といいます。）の翌日から3月を経過する日までに，次に掲げる事項を都道府県知事に報告しなければなりません（円滑化省令12①）。

① 第1種贈与報告基準期間^(注)における代表者の氏名
　（注）「第1種贈与報告基準期間」とは，第1種贈与報告基準日の属する年の前年の第1種贈与報告基準日（これに当たる日がないときは，第1種贈与認定申請基準日）の翌日からその第1種贈与報告基準日までの間とされます。
② 第1種贈与報告基準日における常時使用する従業員の数
③ 第1種贈与報告基準期間におけるその第1種特別贈与認定中小企業者の株主又は社員の氏名及びこれらの者が有する株式等の議決権の数
④ 第1種贈与報告基準期間において，その第1種特別贈与認定中小企業者が上場会社等又は風俗営業会社のいずれにも該当しないこと
⑤ 第1種贈与報告基準期間において，その第1種特別贈与認定中小企業者が資産保有型会社に該当しないこと
⑥ 第1種贈与報告基準事業年度^(注)においていずれもその第1種特別贈与認定中小企業者が資産運用型会社に該当しないこと
　（注）「第1種贈与報告基準事業年度」とは，その第1種贈与報告基準日の属する年の前年の第1種贈与報告基準日の翌日の属する事業年度からその第1種贈与報告基準日の翌日の属する事業年度の直前事業年度までの各事業年度とされます。
⑦ 第1種贈与報告基準事業年度におけるその第1種特別贈与認定中小企業者の総収入金額
⑧ 第1種贈与報告基準期間において，その第1種特別贈与認定中小企業者の特別子会社が風俗営業会社に該当しないこと

Q80　継続届出書の添付書類

Q78における「継続届出書」の添付書類について教えて下さい。

A 　贈与税における継続届出書の添付書類と円滑化法における年次報告書（様式第11）の添付書類（円滑化省令12②）の内容は基本的に一致しています。

（法令・通達）　措令40の8㊱，措規23の9㉓，円滑化省令12②

解説 ···

　継続届出書には，対象受贈非上場株式等に係る認定贈与承継会社に係る図表
80－1に掲げる書類（経営贈与報告基準日が，経営贈与承継期間（贈与税の納
税猶予の規定の適用に係る贈与の日の属する年分の贈与税の申告書の提出期限
の翌日から同日後5年を経過する日又は経営承継受贈者若しくはその経営承継
受贈者に係る贈与者の死亡の日の前日のいずれか早い日までの期間をいいます。
以下同じ。）に掲げる日のいずれか早い日以前である場合には図表80－1②④
に掲げる書類を除き，そのいずれか早い日の翌日以後である場合には図表80－
1⑤に掲げる書類を除きます。）を添付する必要があります（措令40の8㊱，
措規23の9㉓）。

【図表80－1】継続届出書の添付書類

①　経営贈与報告基準日における定款の写し
②　登記事項証明書（経営贈与報告基準日以後に作成されたものに限ります。）
③　経営贈与報告基準日における株主名簿の写しその他の書類で株主又は社員の氏名又は
　名称及び住所又は所在地並びにこれらの者が有する株式等に係る議決権の数が確認でき
　る書類（認定贈与承継会社が証明したものに限ります。）
④　前回の経営贈与報告基準日（以下単に「報告基準日」といいます。）の翌日からその
　報告基準日までに終了する各事業年度の貸借対照表及び損益計算書
⑤　都道府県知事の年次報告書（様式第11）の写し及びその報告書に係る確認書（様式
　第16）の写し
⑥　前回の報告基準日の翌日から報告基準日までに認定贈与承継会社が会社分割又は組織
　変更があった場合には，その会社分割に係る吸収分割契約書若しくは新設分割計画書の
　写し又はその組織変更に係る組織変更計画書の写し
⑦　その他参考となるべき事項

●関連解説：年次報告書（様式第11）の添付書類

　年次報告をしようとする第1種特別贈与認定中小企業者は，「様式第11」による報
告書に，その報告書の写し1通及び次に掲げる書類を添付して，都道府県知事に提
出することとされます（円滑化省令12②）。
①　第1種贈与報告基準日における第1種特別贈与認定中小企業者の定款の写し
②　登記事項証明書（第1種贈与報告基準日以後に作成されたものに限ります。）
③　第1種特別贈与認定中小企業者が株式会社である場合には，第1種贈与報告基
　準日におけるその第1種特別贈与認定中小企業者の株主名簿の写し
④　第1種贈与報告基準日におけるその第1種特別贈与認定中小企業者の従業員数
　証明書

⑤　その第1種特別贈与認定中小企業者の第1種贈与報告基準事業年度の貸借対照表，損益計算書，株主資本等変動計算書及び個別注記表その他これらに類する書類（会社法435②）

⑥　第1種贈与報告基準期間において，その第1種特別贈与認定中小企業者が上場会社等又は風俗営業会社のいずれにも該当しない旨の誓約書

⑦　第1種贈与報告基準期間において，その第1種特別贈与認定中小企業者の特別子会社が風俗営業会社に該当しない旨の誓約書

⑧　上記①から⑦に掲げる事項に関し参考となる書類

Q81　担保の提供

非上場株式等について贈与税の納税猶予制度を利用する場合には，担保を提供する必要があるそうですが，どのような財産を担保として提供できるのか教えて下さい。

A　納税猶予の対象となる認定贈与承継会社の対象受贈非上場株式等，不動産，国債・地方債，税務署長が確実と認める社債その他の有価証券，税務署長が確実と認める保証人の保証などが対象とされます。

法令・通達　　措法70の7①⑥，70の7の5①，措通70の7－7，70の7の5－4，通則法50，51③，通則令16①，18①，通基通50－1～8

解説

「贈与税の納税猶予及び免除（措法70の7①）」の規定の適用を受けるためには，贈与税の申告書の提出期限までに納税猶予分の贈与税額に相当する担保を提供する必要があります（措法70の7①）。

この場合に担保として提供できる財産は，図表81－1に掲げるとおりとされます（措法70の7⑥，措通70の7－7，通則法50，通基通50－1～7）。

また，担保提供の順位は，可能な限り処分が容易であって，かつ，価額の変動のおそれが少ないものから，提供を受けることとされています（通基通50－8）。

なお，担保の提供等に関する取扱いは，「贈与税の納税猶予及び免除の特例（措法70の7の5①）」についても同様とされます（措通70の7の5－4）。

【図表81-1】担保として提供できる財産の種類

① 納税猶予の対象となる認定贈与承継会社の対象受贈非上場株式等
② 国債及び地方債
③ 社債（特別の法律により設立された法人が発行する債券を含みます。）その他の有価証券で税務署長等が確実と認めるもの^(注)
（注）「確実と認める社債その他の有価証券」には，次に掲げる有価証券など，その発行する法人の財務内容及び事業の状況から，元本の償還，利息の支払等が確実であると認められるものとされます。
　　　なお，有価証券には，「担保の提供手続（通則令16①）」に規定する振替株式等など，その権利を表象する券面が発行されていないものが含まれます（通基通50-1）。
　　　イ　その元本の償還及び利息の支払について政府が保証する債券
　　　ロ　金融機関が特別の法律により発行する債券
　　　ハ　金融商品取引所に上場されている有価証券
④ 土地
⑤ 建物，立木及び登記される船舶並びに登録を受けた飛行機，回転翼航空機及び自動車並びに登記を受けた建設機械で，保険に附したもの
⑥ 鉄道財団，工場財団，鉱業財団，軌道財団，運河財団，漁業財団，港湾運送事業財団，道路交通事業財団及び観光施設財団
⑦ 税務署長等が確実と認める保証人の保証^(注)
（注）「確実と認める保証人」とは，金融機関その他の保証義務を果たすための資力が十分であると認められる者とされます（通基通50-6）。
　　　また，法人による保証については，その保証行為が法人の定款に定める目的の範囲内に属する場合に限られますが，次に掲げる保証は，その範囲内に属するものとされます（通基通50-7）。
　　　イ　担保を提供すべき者と取引上密接な関係のある営利を目的とする法人（昭和33・3・28最高判，昭和41・2・28東京地判）
　　　ロ　担保を提供すべき者が取締役又は業務を執行する社員となっている営利を目的とする法人（株主総会の承認，取締役会の承認又は社員の過半数の承認を受けたものに限ります。）
⑧ 金銭^(注)
（注）「金銭」を提供した者は，その金銭をもってその国税の納付に充てることができます（通則法51③，通則令18①）。

Q82 担保の価額

非上場株式等について贈与税の納税猶予制度を利用する場合には，贈与税額の額に相当する担保の提供が必要だと聞きましたが，提供する担保の価額について教えて下さい。

A 納税が猶予される贈与税額及び利子税の額に見合う担保を提供する必要があります。ただし，みなす充足として納税猶予される対象受贈非上場株式等の全てを担保とすることができます。

法令・通達　相規12の3，措法70の7①⑥，70の7の5①④，措令40の8㉝，措規23の9㉖，措通70の7-8，70の7-30，70の7の5-20，通則令16，会社法185

解説

「贈与税の納税猶予及び免除（措法70の7①）」に規定する「その納税猶予分の贈与税額に相当する担保」とは，納税猶予に係る贈与税の本税の額及びその本税に係る納税猶予期間中の利子税の額との合計額に相当する担保とされます。

この場合におけるその本税に係る猶予期間中の利子税の額は，贈与税の申告書の提出期限における贈与者の「平均余命年数（相規12の3）」を納税猶予期間として計算した額によるものとされます（措通70の7-8）。

また，「贈与税の納税猶予及び免除（措法70の7①）」の規定の適用を受けようとする経営承継受贈者が納税猶予分の贈与税額につき対象受贈非上場株式等の全てを担保として提供した場合には，その対象受贈非上場株式等の価額の合計額がその納税猶予分の贈与税額に満たないときであっても，同項の規定の適用については，当該納税猶予分の贈与税額に相当する担保が提供されたものとみなされます（いわゆる「みなす充足」）。ただし，その後において，図表82-1に掲げる事由が生じた場合に該当することとなった場合は，この限りではありません（措法70の7⑥，措令40の8㉝）。

なお，「贈与税の納税猶予及び免除の特例（措法70の7の5①）」についても同様とされます（措法70の7の5④，措通70の7の5-20）。

【図表82－1】　みなす充足に該当しないこととなる場合

① 　提供された担保の全部又は一部につき変更があった場合 ^(注)

（注）「担保の全部又は一部につき変更があった場合」とは，例えば，次のようなものとされます（措通70の7－30）。

イ 　担保として提供された対象受贈非上場株式等に係る認定贈与承継会社が合併により消滅した場合

ロ 　担保として提供された対象受贈非上場株式等に係る認定贈与承継会社が株式交換等により他の会社の株式交換完全子会社等になった場合

ハ 　担保として提供された対象受贈非上場株式等に係る認定贈与承継会社が組織変更した場合

ニ 　担保として提供された対象受贈非上場株式等である株式の併合又は分割があった場合

ホ 　担保として提供された対象受贈非上場株式等に係る認定贈与承継会社が「株式無償割当て（会社法185）」に規定する株式無償割当てをした場合

ヘ 　担保として提供された対象受贈非上場株式等に係る認定贈与承継会社の名称変更があったことその他の事由により担保として提供されたその対象受贈非上場株式等に係る株券の差替えの手続が必要となった場合

ト 　担保財産の変更等が行われたため，対象受贈非上場株式等の全てが担保として提供されていないこととなった場合

チ 　担保として提供された対象受贈非上場株式等について，①質権の設定がされていないこと，②差押えがされていないこと，③その他のその対象受贈非上場株式等について担保の設定又は処分の制限（民事執行法その他の法令の規定による処分の制限とされます。）がされていないこと，の要件（措規23の9㉖）に該当しないこととなった場合

② 　担保として提供された対象受贈非上場株式等に係る認定贈与承継会社が，その対象受贈非上場株式等に係る株券を発行する旨の定款の定めを廃止する定款の変更をした場合（税務署長に対し書面によりその旨の通知があった場合において，その定款の変更がその効力を生ずる日までに下記③に掲げる方法により担保の提供が行われたときを除きます。）

③ 　担保として提供された対象受贈非上場株式等に係る認定贈与承継会社（株券不発行会社であるものに限ります。）が，その対象受贈非上場株式等に係る株券を発行する旨の定款の定めを設ける定款の変更をした場合（税務署長に対し書面によりその旨の通知があった場合において，その定款の変更がその効力を生ずる日までに「担保の提供手続（通則令16）」に定める手続により担保の提供が行われたときを除きます。）

●関連解説：平均余命年数

　平均余命年数とは，厚生労働省の作成に係る完全生命表に掲げる年齢及び性別に応じた平均余命（1年未満の端数があるときは，これを切り捨てた年数）とされます（相規12の3）。

【図表82－2】平均余命年数

年　齢	平　均　余　命		年　齢	平　均　余　命	
	男	女		男	女
50歳	32年	38年	75歳	12年	15年
55歳	27年	33年	80歳	8年	11年
60歳	23年	28年	85歳	6年	8年
65歳	19年	24年	90歳	4年	5年
70歳	15年	19年	95歳	2年	3年

（参考文献）第22回生命表：厚生労働省HP

Q83 担保提供のための手続規定

非上場株式等について贈与税の納税猶予制度を利用する場合における担保提供のための手続規定について教えて下さい。

A 有価証券等を供託する場合には，法務局（供託所）に提供し，供託書の正本を税務署長等に提出することとされます。

（法令・通達） 通則令16，措令40の8③，措規23の9，会社法149①，356，365，595

解説

担保を提供しようとする者は，担保を提供する旨の書面（担保提供書）を提出するほか，担保の種類に応じて図表83－1に掲げる書類を提出することとされます（通則令16，措令40の8③，措規23の9①）。

【図表83－1】担保の提供手続

区　　分	提 供 す べ き 書 類
有価証券及び金銭の担保 （図表81－1①②③⑧）	供託して供託書の正本をその提出先の税務署長等に提出 （注1）　登録国債は，担保権の登録を受け，担保権登録済通知書を提供 （注2）　認定贈与承継会社（株式不発行会社であるものに限ります。）の非上場株式を担保として提供する場合，次に掲げる書類を提出 　①　経営承継受贈者が対象受贈非上場株式等である株式に質権の設定をすることについて承諾した旨を記載した書類（その経営承継受贈者が自署し，自己の印を押しているものに限ります。） 　②　上記①の経営承継受贈者の印に係る印鑑証明書 　③　認定贈与承継会社が交付した「株主名簿記載事項証明書（会社法149①）」（その認定贈与承継会社の代表権を有する者が自署し，自己の印を押しているものに限ります。） 　④　認定贈与承継会社の代表権を有する者の印に係る印鑑証明書（上記③に押印したものに限ります。）
土地・建物・各種財団等の担保 （図表81－1④⑤⑥）	抵当権を設定するために必要な次に掲げる書類を税務署長等に提出 ①　担保財産の所有者の抵当権設定登記についての承諾書 ②　担保財産の所有者の印鑑証明書
保証人の保証による担保 （図表81－1⑦）	保証書及び印鑑証明書を税務署長等に提出 （注）　法人による保証が「利益相反取引の制限（会社法356，365，595）」に該当する場合には，その提供等につき，株主総会若しくは取締役会の承認又は社員の過半数の承認を受けたことを証する書類を提出

Q84　利子税の納付

非上場株式等について贈与税の納税猶予の期限が確定した場合における利子税の納付について教えて下さい。

A　贈与税の申告期限の翌日から納税猶予の期限までの期間の日数に応じて年0.5％（令和2年）の割合で計算した利子税を納付する必要があります。

（法令・通達）　措法70の7①㉗㉘，70の7の5①㉒㉓

解説
「贈与税の納税猶予及び免除（措法70の7①）」の規定の適用を受けた経営承

継受贈者は，贈与税の申告書の提出期限の翌日から納税猶予の期限（それぞれの事由が生じた日から2月を経過する日）までの期間の日数に応じて，年3.6%（令和2年：年0.5%）の割合を乗じて計算した金額に相当する利子税を，納税猶予された贈与税額とあわせて納付する必要があります（措法70の7㉗）。

また，経営贈与承継期間の末日の翌日以後に，納税猶予税額の全部又は一部が確定することとなった場合には，贈与税の申告期限の翌日から5年を経過する日までの期間の利子税の割合については「年0％」に軽減されます（措法70の7㉘）。

なお，「贈与税の納税猶予及び免除の特例（措法70の7の5①）」についても同様とされます（措法70の7の5㉒㉓）。

【図表84－1】 経営贈与承継期間後に納税猶予税額の全部又は一部が確定した場合

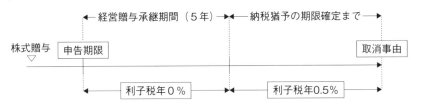

●関連解説：利子税の計算方法

利子税の年3.6%の割合については，各年の特例基準割合が年7.3%の割合に満たない場合には，その年における利子税の割合は，次の算式で計算した割合とされます（措法93⑤）。

〔算式〕

$$\text{年3.6\%} \times \frac{\overset{\text{特例基準割合（注）}}{\text{年1.0\%}}}{\text{年7.3\%}} = \overset{\text{特例割合}}{\text{年0.5\%}}\text{（0.1\%未満の端数は切捨て）}$$

（注）「特例基準割合」とは，各年の前々年の9月から前年の8月までの各月における銀行の新規の短期貸出約定平均金利の合計を12で除して得た割合として，各年の前年の11月30日までに財務大臣が告示する割合（平均貸付割合）に0.5%の割合を加算した割合（令和2年：1.0%）とされます。

Q85　納税猶予税額に対する延納制度の適用

経営贈与承継期間中に雇用確保要件が満たされないために都道府県知事の認定が取り消された場合において，延納制度が利用できると聞きましたが，その内容について教えて下さい。

A　雇用確保要件を満たせず納税猶予期限が確定し，納税猶予税額を納付しなければならないときは，延納制度が利用できます。

法令・通達　相法38①，39①㉙，41①，措法70の7①⑬十一・十二，70の7の2①⑭九・十，70の7の5①⑧⑨，70の7の6①⑪

解説

「贈与税の納税猶予及び免除（措法70の7①）」における雇用確保要件を維持できなかったため，都道府県知事の認定が取消しになった場合における納税猶予分の贈与税額に相当する贈与税については，「延納制度（相法38①）」を利用することができます。

延納を求めようとする贈与税の納期限は，経営贈与承継期間の末日から5月を経過する日（以下「延納申請期限」といいます。）とされます。この場合において，納税の猶予に係る期限の翌日から延納申請期限までの間については，その期間に対応する部分の延滞税（猶予中贈与税額のうち延納の許可を受けた部分に係るものに限ります。）に代え，利子税を納付するものとされ，納付すべき利子税の額は，その許可を受けた部分を基礎として，その期間に，年8.9％（令和2年：年1.1％）の割合を乗じて計算した金額とされます（相法39①㉙，措法70の7⑬十一・十二）。なお，「贈与税の納税猶予及び免除の特例（措法70の7の5①）」についても同様とされます（措法70の7の5⑧⑨）。

また，「相続税の納税猶予及び免除（措法70の7の2①）」における雇用確保要件を維持できなかったため，都道府県知事の認定が取消しになった場合における納税猶予分の相続税額に相当する相続税については，「延納制度（相法38①）」又は「物納（相法41①）」を利用することができます（措法70の7の2⑭九・十）。なお，「相続税の納税猶予及び免除の特例（措法70の7の6①）」についても同様とされます（措法70の7の6⑪）。

【図表85-1】雇用確保要件を維持できなかった場合

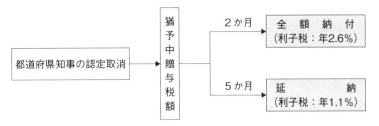

Q86　利子税・還付加算金・延滞税の割合の引下げ

国内銀行（信用金庫を除きます。）の平成23年11月から平成24年10月までの貸出約定金利（新規・短期）の平均は1.019%とされていました。直近12か月である平成30年9月から令和元年8月まで貸出金利等の平均は0.609%と約0.41%低下しています。また，同期間における都市銀行と地方銀行・第二地方銀行及び信用金庫間の貸出約定平均金利の差も1.43%から0.91%と0.52%縮小しています（出典：金融経済統計月報・日本銀行）。

そこで，令和2年度税制改正では，上記市中金利の実態を踏まえて，利子税・還付加算金及び延滞税の割合が引き下げられたそうですが，その内容について教えて下さい。

A　国内銀行の貸出約定平均金利（財務大臣が告示）に0.5%（改正前：1.0%）を加算した割合とされます。

（法令・通達）　措法93②~④，94，95，96①

解説 ......

1　利子税の割合の引下げ

利子税の割合は，各年の利子税特例基準割合が年7.3%未満の場合には，その年中においては，図表86-1に掲げる利子税の区分に応じそれぞれ次に定める割合とされています。

【図表86－1】　利子税の割合の引下げ

区　　　分	利 子 税 の 割 合
相続税及び贈与税に係る利子税	それぞれの利子税の割合に，その利子税特例基準割合 (注) が年7.3%に占める割合を乗じて得た割合
上記以外の利子税	利子税特例基準割合 (注)

(注)　「利子税特例基準割合」とは，各年の前々年の９月から前年の８月まで（改正前：前々年の10月から前年の９月まで）の各月における銀行の新規の短期貸出約定平均金利の合計を12で除して得た割合として各年の前年の11月30日まで（改正前：12月15日まで）に財務大臣が告示する割合（以下「平均貸付割合」とされます。）に年0.5%（改正前：年１%）の割合を加算した割合とされます（措法93②～④）。

2　還付加算金の割合の引下げ

　還付加算金の割合は，各年の還付加算金特例基準割合が年7.3%未満の場合には，その年中においては，その還付加算金特例基準割合とされます（措法95）。

　なお，「還付加算金特例基準割合」とは，平均貸付割合に年0.5%（改正前：年１%）の割合を加算した割合とされます。

3　延滞税の割合の引下げ

　延滞税については，遅延利息としての性格及び滞納を防止する機能，回収リスクの観点から，その水準が維持されることとされます。

　ただし，納税の猶予等の場合に軽減される延滞税については，利子税・還付加算金と同様に国内銀行の貸出約定平均金利に0.5%（改正前：1.0%）を加算した割合に引き下げられます（措法94①②）。

4　利子税，還付加算金及び延滞税の割合における下限の整備

　利子税，還付加算金及び延滞税の割合の特例の適用がある場合における利子税，還付加算金及び延滞税の額の計算において，その計算した割合及び加算した割合（平均貸付割合及び延滞税特例基準割合を除きます。）が年0.1%未満の割合であるときは年0.1%の割合とすることとされ，最終的に算出される利子税，還付加算金及び延滞税の割合が０%とならないよう下限（0.1%）が設けられています（措法96①）。

【図表86－2】　利子税・還付加算金及び延滞税の割合の引下げのまとめ

区　分		内　　　　容	改　正　前	改　正　後
利　子　税		法人税における申告期限の延長に係る納付，相続税の延納等の場合に約定利息として課税	1.6%	1.1%
還付加算金		国から納税者への還付金に付される利息	1.6%	1.1%
延滞税	原　　則	法定納期限を徒過し履行遅延となった場合に延滞利息として課税	8.9%	
	2か月以内等	早期納付を促す観点から低い利息	2.6%	
	納税の猶予等	事業廃止等，納税者の納付能力の減退といった状態に配慮し，軽減	1.6%	1.1%

Q87　適用関係

Q86における利子税・還付加算金及び延滞税の割合引下げの適用時期について教えて下さい。

A 令和3年1月1日以後から適用されます。

（法令・通達）　令和2年度改正法附則111①②

解説

Q86の改正は，令和3年1月1日以後の期間に対応する利子税，還付加算金及び延滞税について適用され，同日前の期間に対応する利子税，還付加算金及び延滞税については，なお従前の例によります（令和2年度改正法附則111①②）。

Ⅱ　非上場株式等についての贈与税の納税猶予及び免除の特例制度

Q 88　基本的考え方

中小企業経営者の高齢化に伴い，今後10年の間に平均引退年齢である70歳を超える経営者が245万人になると推定されています。このうち，半数以上が事業承継の準備を終えていない現況にあります。そこで，円滑な世代交代を通じた生産性の向上を図るため，事業承継税制の各種要件の緩和を含む拡充等が行われるそうですが，その基本的考え方について教えて下さい。

A　世代交代に向けた集中取組み期間（10年間）の時限措置として，将来の納税不安を大幅に軽減する事業承継税制の特例制度が創設されました。

解説 ……………………………………………………………………………

　中小企業経営者の年齢分布のピークが60歳台半ばとなり，高齢化が急速に進展する中で，中小企業・小規模事業者の経営者は約245万人に達しています。このうち，半数以上の127万社（日本企業全体の3分の1）で後継者が未定となっており，現状を放置すると中小企業の廃業の増加により，10年間累計で約650万人の雇用，約22兆円のGDPが失われる可能性があり，特に地域経済に深刻な打撃が生ずる恐れがあります。

　そこで，平成30年度税制改正では，贈与・相続による事業承継を行う場合，①納税猶予対象の株式の制限（発行済議決権株式総数の3分の2）を撤廃し，相続税の納税猶予割合80％を100％に引き上げることにより，贈与・相続時の納税負担が生じない制度とし，②雇用確保要件を弾力化するとともに，③2名又は3名の後継者に対する贈与・相続に対象を拡大し，④経営環境の変化に対応した減免制度を創設して将来の税負担の不安に対応する等の納税猶予制度の特例制度が創設されました。

【図表88－1】 納税猶予制度の概要

区　分	一般（現行制度）	特　例
対象株式及び猶予割合の上限撤廃	対象株式数上限2／3	対象株式数上限撤廃
	相続税の納税猶予割合80% 贈与税の納税猶予割合100%	相続税の納税猶予割合100% 贈与税の納税猶予割合100%
	※実際の相続税の納税猶予割合は53%で残り47%は納税が必要	※自社株承継時の納税負担がゼロ
複数承継の対象化	先代経営者1人から後継者1人への承継に限定	配偶者・従業員等の複数の株主から代表者である後継者（最大3名）も対象（注） （注）　後継者要件：10%以上株式保有等
相続時精算課税制度	60歳以上の父母又は祖父母から20歳以上の子又は孫（直系卑属）への贈与が対象	60歳以上の贈与者から20歳以上の者への贈与でも対象
事前の計画書の策定・提出	───	特例承継計画の提出 （提出期限：平成30年4月1日から令和5年3月31日まで）
雇用確保要件の弾力化	経営承継期間（5年）で平均80%の雇用を維持	雇用確保要件は弾力化（注） （注）　都道府県に理由の報告が必要 （注）　経営悪化が理由の場合には，認定支援機関による指導・助言が必要
	※　不適用の場合には利子税付で全額納付	※　猶予税額の納付が不要
経営環境変化に応じた差額減額制度の創設	納税免除は後継者死亡	株式売却，廃業時点の株価で税額を再計算し，事業承継時との差額を免除
	破産等の場合には一定額免除	

Q89　納税猶予及び免除の特例制度の創設

贈与税の納税を猶予する事業承継税制について，中小企業経営者の次世代経営者への引継ぎを支援するため行われる納税猶予及び免除の特例制度（以下単に「本特例」といいます。）の創設について教えて下さい。

A　特例経営承継受贈者が，特例認定承継会社の株主から贈与によりその特例認定承継会社の非上場株式等を取得した場合には，その取得した全ての非上場株式等に係る課税価格に対応する贈与税の全額について，その特例贈与者の

死亡の日までその納税が猶予されます。

法令・通達　措法70の7の5①

解説 ....

　特例認定贈与承継会社の非上場株式等を有していた個人（以下「特例贈与者」といいます。）が，特例経営承継受贈者に，その非上場株式等の贈与（平成30年1月1日から令和9年12月31日までの間の最初の本特例の適用に係る贈与及びその贈与に係る特例経営贈与承継期間の末日までの間に贈与税の申告書の提出期限が到来する贈与に限ります。）をした場合において，その贈与が一定の要件を満たすものであるときは，特例対象受贈非上場株式等に係る課税価格に対応する贈与税の全額について，その年分の贈与税の申告書の提出期限までに納税猶予分の贈与税額に相当する担保を提供した場合に限り，その特例贈与者の死亡の日までその納税が猶予されます（措法70の7の5①）。

【図表89-1】適用対象となる贈与

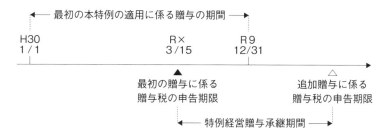

〔具体例：贈与可能期間〕
≪ケース1：最初の贈与が平成30年12月末に行われた場合≫
　①　最初の贈与に係る贈与税の申告期限→平成31年3月15日
　②　追加贈与に係る贈与税の申告期限→令和6年3月15日[注]
　　（注）　追加贈与が可能な期間→令和5年12月31日

≪ケース2：最初の贈与が令和9年12月末に行われた場合≫
　①　最初の贈与に係る贈与税の申告期限→令和10年3月15日
　②　追加贈与に係る贈与税の申告期限→令和15年3月15日[注]
　　（注）　追加贈与が可能な期間→令和14年12月31日

Q90　特例経営贈与承継期間の定義

Q89における「特例経営贈与承継期間」の定義について教えて下さい。

A　最初の本特例の適用に係る贈与の日の属する年分の贈与税の申告書の提出期限の翌日から5年又は特例経営承継受贈者若しくは特例贈与者の死亡の日の前日のいずれか早い日とされます。

法令・通達　　措法70の7の5②七，70の7の6①，措通70の7の5−12

解説 ....

　「特例経営贈与承継期間」とは，最初の本特例の適用に係る贈与の日の属する年分の贈与税の申告書の提出期限の翌日から図表90−1に掲げる日のいずれか早い日又は本特例の適用を受ける特例経営承継受贈者若しくはその特例経営承継受贈者に係る特例贈与者の死亡の日の前日のいずれか早い日までの期間とされます（措法70の7の5②七，措通70の7の5−12）。

【図表90−1】特例経営贈与承継期間

① 特例経営承継受贈者の最初の本特例の適用に係る贈与の日の属する年分の贈与税の申告書の提出期限の翌日以後5年を経過する日
② 特例経営承継受贈者の最初の「非上場株式等についての相続税の納税猶予及び免除の特例（措法70の7の6①）」の規定の適用に係る相続に係る相続税の申告書の提出期限の翌日以後5年を経過する日

Q91　特例贈与者の定義

Q89における「特例贈与者」の定義について教えて下さい。

A　特例認定贈与承継会社の株主で，原則として贈与の直前において代表権を有していない者とされます。

法令・通達　　措法70の7の5①，措令40の8の5①，措通70の7の5−2(注)

解説 ....

　「特例贈与者」とは，特例認定贈与承継会社の非上場株式等（議決権に制限のないものに限ります。以下同じ。）を有していた個人として図表91−1に定

める者（特例認定贈与承継会社の非上場株式等について既に本特例の適用に係る贈与をしているものを除きます。）とされます（措法70の7の5①，措令40の8の5①）。

　なお，特例経営承継受贈者が2人又は3人以上ある場合において，同一年中に，これらの特例経営承継受贈者に特例認定贈与承継会社の非上場株式等の贈与を行うものは「既に本特例の適用に係る贈与をしているもの」に含まれないこととされます（措通70の7の5－2(注)）。

【図表91－1】特例贈与者の定義

区　　分	適　用　要　件
贈与の直前において，既に本特例の適用を受けている者がいる場合	※　贈与時において，特例認定贈与承継会社の代表権（制限が加えられた代表権を除きます。以下同じ。）を有していないこと。
上記以外の場合	次に掲げる要件の全てを満たすこと。 ①　贈与の時前において，特例認定贈与承継会社の代表権を有していた個人 ②　贈与の直前において，贈与者及び贈与者と特別の関係ある者で総議決権数の50％超の議決権数を保有し，かつ，特例経営承継受贈者を除いたこれらの者の中で最も多くの議決権数を保有していたこと ③　贈与時において，特例認定贈与承継会社の代表権を有していないこと

Q92　特例経営承継受贈者の定義

Q89における「特例経営承継受贈者」の定義について教えて下さい。

A　特例認定承継会社の特例承継計画に記載されたその特例認定承継会社の代表権を有する後継者（同族関係者と合わせてその特例認定承継会社の総議決権数の過半数を有する者に限ります。）であって，その同族関係者のうち，その特例認定承継会社の議決権を最も多く有する者（その特例承継計画に記載されたその後継者が2名又は3名以上の場合には，その議決権数において，それぞれ上位2名又は3名の者）とされます。

（法令・通達）　措法70の7①，70の7の2①，70の7の3①，70の7の5①②六，措令23の12の2⑨，措規23の12の2⑧，措通70の7の5－10(注)2　会社法329①

解説 ……………………………………………………………………

　「特例経営承継受贈者」とは，特例贈与者から本特例の規定の適用に係る贈与により特例認定贈与承継会社の非上場株式等の取得をした個人で，図表92－1に掲げる要件の全てを満たす者（その者が2人又は3人以上ある場合には，その特例認定贈与承継会社が定めた2人又は3人までに限ります。）とされます（措法70の7の5②六）。

　なお，図表92－1④イ又はロのいずれの場合に該当するかは，同一の特例贈与者から同一の特例認定贈与承継会社の非上場株式等を「贈与税の納税猶予及び免除の特例（措法70の7の5①）」の規定の適用に係る贈与により取得した個人の数によることとされます（措通70の7の5－10(注)1）。

　また，図表92－1③及び④の要件の判定は，その贈与直後の株主等の構成により行うこととされますが，図表92－1④ロに掲げる場合に該当する場合において，その贈与が異なる時期に行われたときには，図表92－1④ロに定める要件のうち「その個人と特別の関係がある者のうちいずれの者が有する特例認定贈与承継会社の非上場株式等に係る議決権の数をも下回らないこと」の判定における特例贈与者の有する議決権の数については，その贈与のうち最後に行われた贈与直後に有する議決権の数によることとされます（措通70の7の5－10(注)2）。

【図表92－1】 特例経営承継受贈者の適用要件

① その個人が，贈与の日において20歳以上であること。
② その個人が，贈与の時において，特例認定贈与承継会社の代表権（制限が加えられた代表権を除きます。）を有していること。
③ 贈与の時において，その個人及び個人と特別の関係がある者の有する特例認定贈与承継会社の非上場株式等に係る議決権の数の合計が，その特例認定贈与承継会社に係る総株主等議決権数（総株主(注)又は総社員の議決権の数とされます。）の50％を超える数であること。
　(注) 株主総会において決議をすることができる事項の全部につき議決権を行使することができない株主を除きます。
④ 次に掲げる場合の区分に応じそれぞれ次に定める要件を満たしていること。
　イ 個人が1人の場合
　　贈与の時において，その個人が有する特例認定贈与承継会社の非上場株式等に係る議決権の数が，その個人と特別の関係がある者のうちいずれの者（その個人以外の本特例の規定の適用を受ける者を除きます。以下同じ。）が有する特例認定贈与承継会社の非上場株式等に係る議決権の数をも下回らないこと。
　ロ 個人が2人又は3人の場合

　　贈与の時において，その個人が有する特例認定贈与承継会社の非上場株式等に係る議決権の数が，特例認定贈与承継会社の総株主等議決権数の10％以上であること及びその個人と特別の関係がある者のうちいずれの者が有する特例認定贈与承継会社の非上場株式等に係る議決権の数をも下回らないこと。

⑤　その個人が，贈与の時からその贈与の日の属する年分の贈与税の申告書の提出期限（その提出期限前にその個人が死亡した場合には，その死亡の日）まで引き続きその贈与により取得をした特例認定贈与承継会社の特例対象受贈非上場株式等の全てを有していること。

⑥　その個人が，贈与の日まで引き続き３年以上にわたり特例認定贈与承継会社の役員（会社法上の役員及び業務を執行する社員を含みます。）としての地位を有していること（措規23の12の２⑧，会社法329①）。

⑦　その個人が，特例認定贈与承継会社の非上場株式等について「非上場株式等についての贈与税の納税猶予及び免除（措法70の７①）」，「非上場株式等についての相続税の納税猶予及び免除（措法70の７の２①）」又は「非上場株式等の贈与者が死亡した場合の相続税の課税の特例（措法70の７の３①）」の規定の適用を受けていないこと。

⑧　その個人が，特例認定贈与承継会社の経営を確実に承継すると認められる要件として中小企業における経営の承継の円滑化に関する省令第17条第１項の確認を受けた特例認定贈与承継会社のその確認に係る中小企業における経営の承継の円滑化に関する省令第16条第１号ロに規定する特例後継者の要件を満たしていること（措令23の12の２⑨）。

【図表92－2】贈与者及び特例後継者のイメージ（　　　適用対象者）

【一般制度】（平成30年度税制改正前）
≪１人の先代経営者から１人の後継者への贈与のみが対象≫

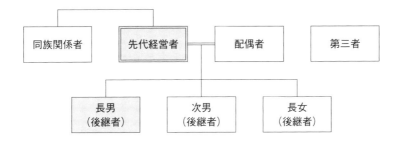

【特例制度】
　「複数の株主→１人」及び「１人→最大３名（代表者）」と事業承継税制の特例の前提とされる類型が拡充されます。
≪贈与者は先代経営者に限定せず，複数でも可能≫
※　贈与時に代表権を有していないこと。

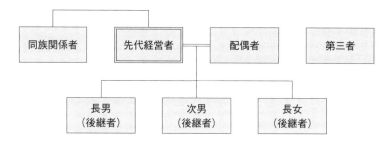

≪複数の後継者（最大3名）が対象≫
　①代表権を有している者に限られます。
　②20歳以上であること。
　③役員就任から3年以上を経過していること。
　④複数人で承継する場合，議決権割合10％以上を有し，かつ，議決権保有割合上位3位
　　までの同族関係者に限られます。
　⑤後継者及び後継者と特別の関係がある者で総議決権数の50％超の議決権数を保有する
　　こととなること。

Q93　本特例の対象となる贈与

　Q89における「本特例の対象となる贈与」について教えて下さい。

A　本特例の対象となる贈与は，非上場株式等の取得株数要件を満たす必要
があります。

（法令・通達）　措法70の7の5①一・二，措通70の7の5－3㊟5・6

解説

　贈与税の納税猶予制度の特例の対象となる贈与は，図表93－1の区分に応じ
て，それぞれに掲げる取得株数要件を満たすものとされます（措法70の7の5
①一・二）。この場合において，その年分の贈与税の申告書に本特例の適用を
受ける旨の記載があるものが特例対象受贈非上場株式等に該当することとされ
ます（措通70の7の5－3㊟6）。

　なお，同一年中に，①異なる特例贈与者から同一の特例認定贈与承継会社に
係る非上場株式等を贈与により取得をした場合，②異なる特例贈与者から複数
の特例認定贈与承継会社に係る非上場株式等を贈与により取得をした場合，③
同一の特例贈与者から複数の特例認定贈与承継会社に係る非上場株式等を贈

により取得をした場合の特例対象贈与及び特例対象受贈非上場株式等に該当するかどうかの判定は，それぞれの特例認定贈与承継会社及び贈与ごとに行うこととされます（措通70の７の５－３(注)５）。

【図表93－1】非上場株式等の取得株数要件

区分		適　用　要　件	対象となる贈与
特例経営承継受贈者	1人	①　贈与直前において，特例贈与者が有していた特例認定贈与承継会社の非上場株式等の数等が発行済株式等の総数等の３分の２から特例経営承継受贈者が有していた株数等を控除した残数等以上の場合	控除した残数等以上の数等に相当する非上場株式等の贈与
		②　上記①以外の場合	特例贈与者が贈与直前に有していた非上場株式等のすべての贈与
	2人又は3人	次の①及び②の全ての要件を満たす場合 ①　贈与後におけるいずれの特例経営承継受贈者の有する特例認定贈与承継会社の非上場株式等の数等が発行済株式等の総数等の10分の１以上となる場合 ②　いずれの特例経営承継受贈者の有する株数等が特例贈与者の有する特例認定贈与承継会社の非上場株式等の数等を上回る場合	特例贈与者が贈与した適用要件を満たす贈与

〔具体例：特例承継受贈者１人の場合〕

≪ケース１：発行済株式3,000株，特例贈与者3,000株，特例承継受贈者０株≫

発行済株式数　　特例承継受贈者

3,000株×２／３－０株＝2,000株　　　　∴　2,000株以上贈与であれば納税猶予可

≪ケース２：発行済株式3,000株，特例贈与者1,500株，特例承継受贈者500株≫

発行済株式数　　特例承継受贈者

3,000株×２／３－500株＝1,500株　　　∴　1,500株全ての贈与であれば納税猶予可

≪ケース３：発行済株式3,000株，特例贈与者500株，特例承継受贈者０株≫

発行済株式数　　特例承継受贈者

3,000株×２／３－０株＝2,000株　　　　∴　500株全ての贈与であれば納税猶予可

〔具体例：特例承継受贈者２人の場合〕

≪ケース１：発行済株式3,000株，特例贈与者3,000株，特例承継受贈者０株
　　　　　→特例承継受贈者Ａ氏1,500株，特例承継受贈者Ｂ氏800株を贈与≫

　＜Ａ氏＞

　　　　　　贈与後のＡ氏株数　　　発行済株式数
　① 1,500株　≧　3,000株×10％＝300株

　　　　　　贈与後のＡ氏株数　　贈与後の特例贈与者の株数
　② 1,500株　＞　700株　　　　　　∴　1,500株の納税猶予可

　＜Ｂ氏＞

　　　　　　贈与後のＢ氏株数　発行済株式数
　① 800株　≧　3,000株×10％＝300株

　　　　　　贈与後のＢ氏株数　贈与後の特例贈与者の株数
　② 800株　＞　700株　　　　　　∴　800株の納税猶予可

≪ケース２：発行済株式3,000株，特例贈与者2,000株，特例承継受贈者Ａ氏
　　　　　　1,000株→特例承継受贈者Ａ氏1,000株，特例承継受贈者Ｂ氏300
　　　　　　株を贈与≫

　＜Ａ氏＞

　　　　　　贈与後のＡ氏株数　　　発行済株式数
　① 2,000株　≧　3,000株×10％＝300株

　　　　　　贈与後のＡ氏株数　　　贈与後の特例贈与者の株数
　② 2,000株　＞　700株　　　　　　∴　1,000株の納税猶予可

　＜Ｂ氏＞

　　　　　　贈与後のＢ氏株数　発行済株式数
　① 300株　≧　3,000株×10％＝300株

　　　　　　贈与後のＢ氏株数　贈与後の特例贈与者の株数
　② 300株　≦　700株　　　　　　∴　300株の納税猶予不可

≪ケース３：発行済株式3,000株，特例贈与者2,500株，特例承継受贈者Ａ氏
　　　　　　500株→特例承継受贈者Ａ氏500株，特例承継受贈者Ｂ氏300株を
　　　　　　贈与≫

＜Ａ氏＞

　　　　　贈与後のＡ氏株数　　発行済株式数
①　1,000株　≧　3,000株×10％＝300株

　　　　　贈与後のＡ氏株数　　贈与後の特例贈与者の株数
②　1,000株　≦　1,700株　　　　　∴　500株の納税猶予不可

＜Ｂ氏＞

　　　　　贈与後のＢ氏株数　　発行済株式数
①　300株　≧　3,000株×10％＝300株

　　　　　贈与後のＢ氏株数　　贈与後の特例贈与者の株数
②　300株　≦　1,700株　　　　　∴　300株の納税猶予不可

Q94　特例認定贈与承継会社の定義

Q89における「特例認定贈与承継会社」の定義について教えて下さい。

A　平成30年４月１日から５年以内に特例承継計画を作成して都道府県知事
に提出し確認を受け，贈与後に都道府県知事の認定を受けた会社とされます。

（法令・通達）　措法70の７②一ニ，70の７の５②一，措令40の８の５⑤～⑩，措
　　　　　　　規23の12の２②～⑥，円滑化法２，円滑化省令16①一，17①～③，
　　　　　　　会社法２二，108①八

解説

「特例認定贈与承継会社」とは，平成30年４月１日から令和５年３月31日ま
での間に「特例承継計画の確認申請書（様式第21）」による申請書に，その申
請書の写し１通及び登記事項証明書（確認申請日の前３月以内に作成されたも
のに限り，特例代表者が確認申請日においてその中小企業者の代表者でない場
合にあってはその特例代表者が代表者であった旨の記載のある登記事項証明書
を含みます。）を添付して，都道府県知事に提出した中小企業者（円滑化法２）
のうち，中小企業における経営の承継の円滑化に関する法律第12条第１項の

「認定」を受けた会社で，本特例の適用に係る贈与の時において，図表94－1
に掲げる要件の全てを満たすものとされます（措法70の7の5②一，措令40の
8の5⑤～⑩，措規23の12の2②～⑥，円滑化法15①，円滑化省令16①一，17
①～③）。

【図表94－1】特例認定贈与承継会社の適用要件

区　分	適　用　要　件
① 常時使用従業員の数	常時使用従業員（常時使用する従業員として厚生年金保険法・健康保険法等に規定する被保険者又は会社と2月を超える雇用保険を締結している者で75歳以上のものとされます。以下同じ。）の数が1人以上であること（措法70の7の5②一イ，措規23の12の2③）。
	その会社の特別関係会社（注）が外国会社（会社法2二）に該当する場合（支配関係がある法人がその特別関係会社の株式等を有する場合に限ります。）にあっては，その会社の常時使用従業員の数が5人以上であること（措法70の7の5②一ホ）。 （注）「特別関係会社」とは，特例円滑化法認定を受けた会社，その会社の代表権を有する者及びその代表権を有する者と特別な関係がある者が有する他の会社の株式数に係る議決権の合計額が，その他の会社に係る総株主等議決権数の50％を超える場合におけるその会社とされます（措令40の8の5⑥）。
② 資産保有型会社又は資産運用型会社に非該当	その会社が，資産保有型会社又は資産運用型会社のうち一定で定めるものに該当しないこと（措法70の7の5②一ロ）。 （注）「資産保有型会社」とは，有価証券，自ら使用していない不動産，現金・預金等の特定資産の保有割合が総資産の70％以上の会社とされます。また，「資産運用型会社」とは，これら特定資産からの運用収入が総収入金額の75％以上の会社とされます（措令40の8の5⑤）。
③ 上場会社に非該当	その会社（以下③において「特定会社」といいます。）の株式等及び特別関係会社のうちその特定会社と密接な関係を有する会社として一定で定める会社（以下④において「特定特別関係会社」といいます。）の株式等が，非上場株式等に該当すること（措法70の7の5②一ハ）。
④ 風俗営業会社	その会社及び特定特別関係会社が，風俗営業会社（措法70の7②一ニ）に該当しないこと（措法70の7の5②一ニ）。
⑤ 円滑な事業運営	①から④までに掲げるもののほか，会社の円滑な事業の運営を確保するために必要とされる要件として，次に掲げる要件を備えているものであること（措法70の7の5②一ヘ，措令40の8の5⑨）。 イ　その会社の本特例の適用に係る贈与の日の属する事業年度の直前の事業年度における総収入金額が零を超えること。 ロ　その会社が発行する拒否権を認めた種類株式（会社法108①八）をその会社に係る特例経営承継受贈者以外の者が有していないこと。 ハ　その会社の特別関係会社が，中小企業者（円滑化法2）に該当すること。

Q95　指導及び助言に係る都道府県知事の確認

Q94における「特例承継計画の確認申請書（様式第21）」を都道府県知事に提出した場合，その後の基本的な手続の流れについて教えて下さい。

A　中小企業者に対して「確認書」を交付又は「確認をしない旨の通知書」を通知します。

（法令・通達）　円滑化省令17⑤

解説

都道府県知事は，「特例承継計画の確認申請書（様式第21）」の申請を受けた場合において，その確認をしたときは「施行規則第17条5項の規定による確認書（様式第22）」を申請者である中小企業者に対して交付します。

また，その確認をしない旨の決定をしたときは「施行規則第17条5項の規定による確認をしない旨の通知書（様式第23）」により申請者である中小企業者に対して通知します（円滑化省令17⑤）。

【図表95-1】都道府県知事の確認の基本的な手続

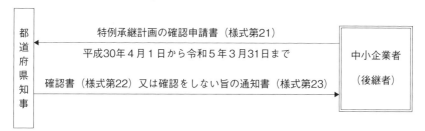

●関連解説：特例承継計画の提出先

「特例承継計画の確認申請書（様式第21）」の提出先は，主たる事務所の所在地を管轄する都道府県庁とされており，その主な申請窓口は，次のとおりされます。

① 　東京都：産業労働局商工部経営支援課（03-5320-4785）
② 　神奈川県：産業労働局中小企業部中小企業支援課（046-235-5620）
③ 　千葉県：商工労働部経営支援課（043-223-2712）
④ 　埼玉県：産業労働部産業支援課（048-830-3910）
⑤ 　山形県：商工労働部中小企業振興課（023-630-2354）

⑥ 大阪府：商工労働部中小企業支援室経営支援課（06-6210-9490）
⑦ 京都府：商工労働観光部ものづくり振興課（075-414-4851）
⑧ 広島県：商工労働局経営革新課（082-513-3370）
⑨ 福岡県：商工部中小企業振興課（092-643-3425）

≪各都道府県の申請窓口・お問い合わせ先：中小企業庁HP≫

Q96 特例承継計画の定義

Q94における特例承継計画の定義について教えて下さい。

A 認定経営革新等支援機関の指導及び助言を受けた特例認定承継会社が作成した計画であって，その特例認定承継会社の後継者及び承継時までの経営見通し等が記載されたものとされます。

（法令・通達） 円滑化省令16①

解説

「特例承継計画」とは，認定経営革新等支援機関の指導及び助言を受けた特例認定承継会社が作成した計画であって，その特例認定承継会社の後継者及び承継時までの経営見通し等が記載されたものとされます（円滑化省令16①）。

なお，特例承継計画の作成に当たっては，「特例承継計画の確認申請書（様式第21）」を利用し，図表96－1に掲げる事項を記載する必要があります。

【図表96－1】特例承継計画の記載事項

項　目	具体的な記載事項
会社について	経営承継円滑化法の特例の認定を受けようとする事業者の名称等を記載します。
特例代表者について	保有する株式を贈与する予定の代表者の氏名と，代表権の有無を記載（「無」の場合は，退任した年月日を記載）します。
	特例代表者は特例承継計画提出時に，現に代表者である方又は代表者であった方である必要があります。
特例後継者について	特例代表者から株式を承継する予定の後継者の氏名を記載（最大3人まで）します。
	特例後継者として氏名を記載された者でなければ，事業承継税制の特例の認定を受けることはできません。
	特例後継者を変更する場合は，変更申請書による変更手続を行う必要があります。

特例代表者が有する株式等を特例後継者が取得するまでの期間における経営の計画について	特例後継者が実際に事業承継を行った後の5年間で，どのような経営を行っていく予定か，具体的な取組内容を記載します。
	記載内容については，設備投資・新事業展開及び売上目標・利益目標についての記載を求めるものではありませんので，後継者が先代経営者や認定支援機関とよく相談の上，後継者が事業の持続・発展に必要と考える内容を自由に記載します。
	すでに後継者が代表権を有している場合であっても，株式等の取得により経営権が安定したあとの取組みについて記載します。
	その会社がいわゆる持株会社である場合には，その子会社等における取組みを記載します。

●関連解説：特例承継計画の認定経営革新等支援機関による所見の記載事項

1 認定経営革新等支援機関の名称等

申請者に指導及び助言を行った認定経営革新等支援機関の名称等について記載します。

なお，代表者欄に記入する氏名及び使用する印鑑は，その認定経営革新等支援機関における内部規定等により判断します。

2 指導・助言を行った年月日

認定経営革新等支援機関が指導及び助言を行った年月日を記載します。

3 認定支援機関による指導・助言の内容

中小企業者の作成した特例承継計画について，認定経営革新等支援機関の立場から，事業承継を行う時期や準備状況，事業承継時までの経営上の課題とその対処方針，事業承継後の事業計画の実現性など，円滑な事業承継を後押しするための指導及び助言を行い，その内容を記載します。

≪チェックポイント≫

「特例代表者が有する株式等を特例後継者が取得するまでの期間における経営の計画について」及び「特例後継者が株式等を承継した後5年間の経営計画について」は，①なぜその取組みを行うのか，②その取組みの結果どのような効果が期待されるかが記載されているかを確認します。

「特例後継者が株式等を承継した後5年間の経営計画」においては，すべての取組みが必ずしも新しい取組みである必要はありませんが，各年において取組みが記載されている必要があります。記載例を参考に，可能な限り具体的な記載がなされているかを確認します。

なお，計画作成の数年後に株式の承継を行うことを予定しているなど，この計画の作成段階では承継後の具体的な経営計画を記載することが困難である場合には，大まかな記載にとどめ，実際に株式を承継しようとする前に具体的な計画を定めることも可能とされます。その場合には，下記4に掲げるの特例承継計画の変更手続

を行う必要があります。

また，所見欄には，その取組みへの評価や，実現可能性を高めるための指導・助言を記載します。

4 特例承継計画の変更

特例承継計画の確認を受けた後に，計画の内容に変更があった場合は，変更申請書（様式第24）を都道府県に提出し確認を受けることができます。

なお，変更申請書には，変更事項を反映した計画を記載し，再度認定経営革新等支援機関による指導及び助言を受けることが必要とされます。

Q97 特例承継計画の変更

特例承認計画を都道府県知事に提出し確認を受けましたが，その後特例承認計画に記載した特例後継者を変更することは可能でしょうか。

A 特例認定贈与承継会社の株式の贈与を受けていない特例後継者であれば，変更することができます。この場合，変更申請書（様式第24）を都道府県に提出し確認を受ける必要があります。

（法令・通達） 円滑化省令16①二ヘ，17①一・二，18①③⑤⑦

解説

都道府県知事の確認（特例承認計画について認定経営革新等支援機関の指導及び助言を受けた中小企業者に限ります。）を受けた中小企業者は，特例後継者（第一種特例経営承継受贈者，第一種特例経営承継相続人，第二種特例経営承継受贈者及び第二種特例経営承継相続人である特例後継者を除きます。）を変更しようとするときは，認定経営革新等支援機関の指導及び助言を受け，かつ，変更申請書（様式第24）を都道府県知事に提出し確認を受けなければなりません（円滑化省令17①一，18①⑤）。

また，都道府県知事の確認（上記以外の中小企業者に限ります。）を受けた中小企業者は，特定後継者又は新たに特定後継者となることが見込まれる者（円滑化省令16①二ヘ）を変更しようとするときは，変更申請書（様式第24）を都道府県知事に提出し確認を受けなければなりません。ただし，特定後継者を変更しようとする場合でも，その特定後継者に係る特定代表者の相続の開始の日以後はその確認を受けることができません（円滑化省令17①二，18③⑤）。

　都道府県知事は，「特例承継計画の変更申請書（様式第24）」の申請を受けた場合において，その確認をしたときは「施行規則第17条４項の規定による確認書（様式第22）」を申請者である中小企業者に対して交付します。また，その確認をしない旨の決定をしたときは「施行規則第17条４項の規定による確認をしない旨の通知書（様式第23）」により申請者である中小企業者に対して通知します（円滑化省令18⑦）。

【図表97－１】特例承継計画の変更の基本的な手続

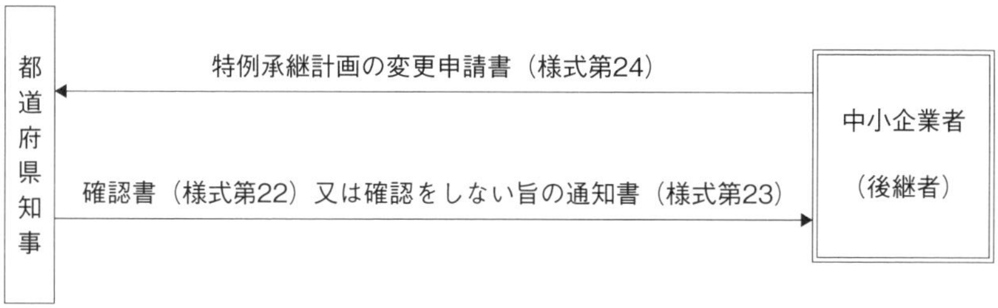

Q98　特例承継計画の認定

Q94における「特例承継計画の認定」の内容について教えて下さい。

A　贈与の日の属する年の翌年の１月15日までに都道府県知事に認定申請書その他添付書類を提出し，認定を受けることとされます。なお，特例後継者として特例承継計画に記載されていない者は，認定を受けることができません。

法令・通達　円滑化法12①，円滑化省令７⑥，会社法435②

解説

　特例承継計画の認定を受けようとする特例認定贈与承継会社は，その認定に係る贈与の日の属する年の翌年の１月15日（①その贈与に係る贈与税申告期限前に第一種特例経営承継贈与者の相続が開始した場合にあってはその第一種特例経営承継贈与者の相続の開始の日の翌日から８月を経過する日又はその贈与の日の属する年の翌年の１月15日のいずれか早い日，②その贈与税申告期限前に第一種特例経営承継受贈者の相続が開始した場合にあってはその第一種特例経営承継受贈者の相続の開始の日の翌日から８月を経過する日）までに，「第

一種特例贈与認定中小企業者に係る認定申請書（様式第7の3）」による申請書に，その申請書の写し1通及び図表98−2に掲げる書類を添付して，都道府県知事に提出することとされます（円滑化法12①，円滑化省令7⑥）。

【図表98−1】都道府県知事の認定の基本的な手続

【図表98−2】第一種特例贈与認定中小企業者に係る認定申請書の添付書類

① 贈与に係る第一種特例贈与認定申請基準日におけるその中小企業者の定款の写し
② 贈与の直前の株主名簿の写し
③ 登記事項証明書（その贈与に係る第一種特例贈与認定申請基準日以後に作成されたものに限り，その第一種特例経営承継贈与者が贈与の直前においてその中小企業者の代表者でない場合にあってはその第一種特例経営承継贈与者が代表者であった旨の記載のある登記事項証明書を含みます。）
④ 第一種特例経営承継受贈者が贈与により取得したその中小企業者の株式等に係る贈与契約書の写しその他のその贈与の事実を証する書類及びその株式等に係る贈与税の見込額を記載した書類
⑤ 贈与の時におけるその中小企業者の従業員数証明書
⑥ 中小企業者のその贈与に係る第一種特例贈与認定申請基準事業年度の計算書類（貸借対照表，損益計算書，株主資本等変動計算書及び個別注記表）その他これらに類する書類（会社法435②）
⑦ 贈与の時からその贈与に係る第一種特例贈与認定申請基準日までの間においてその中小企業者が上場会社等又は風俗営業会社のいずれにも該当しない旨の誓約書等
⑧ 贈与の時における第一種特例経営承継贈与者及びその親族の戸籍謄本等並びにその贈与の時における第一種特例経営承継受贈者及びその親族の戸籍謄本等
⑨ 都道府県知事が「特例承継計画の確認申請書（様式第21）」による申請を受けた場合における交付される「施行規則第17条4項の規定における確認書（様式第22）」
⑩ その他認定の参考となる書類

Q99 相続時精算課税制度の適用範囲の拡大

中小企業経営者の次世代経営者への事業承継を支援するための措置としての
相続時精算課税制度の適用範囲の拡大について教えて下さい。

A 納税猶予取消し時に過大な税負担が生じないようにするため，贈与者の
子又は孫以外の者でも適用可能とされます。

（法令・通達）　措法70の２の７①②，措通70の２の７－２，70の２の７－３

解説

　平成30年度税制改正前では，60歳以上の父母又は祖父母から20歳以上の子又
は孫（直系卑属）への贈与が相続時精算課税制度の対象とされていました。

　平成30年度税制改正では，改正前の制度に加えて，特例対象受贈非上場株式
等を贈与により取得した特例経営承継受贈者が特例贈与者の推定相続人以外の
者（その年１月１日において20歳以上である者に限ります。）であり，かつ，
その特例贈与者が同日において60歳以上の者である場合には，相続時精算課税
の適用を受けることができることとされています（措法70の２の７①）。この
場合における「推定相続人」とは，その贈与をした者の直系卑属である者のう
ちその年１月１日において20歳以上である者とされます（措通70の２の７－
２）。

　なお，特例経営承継受贈者が特例贈与者（その年１月１日において60歳以上
の者に限ります。）からの贈与により特例対象受贈非上場株式等を取得した場
合において，その特例対象受贈非上場株式等の取得の時前にその特例贈与者か
らの贈与により取得した財産については，相続時精算課税の規定の適用を受け
ることができませんので，暦年課税の規定の適用とされます（措法70の２の７
②，措通70の２の７－３）。

【図表99−1】 相続時精算課税制度の適用範囲の拡大 （　　　適用対象者）

→ 改正前：○・改正後：○
┅┅▶ 改正前：×・改正後：○

≪贈与者は先代経営者に限定せず，複数でも可能≫
　①贈与の時に代表権を有していないこと。
　②60歳以上であること。

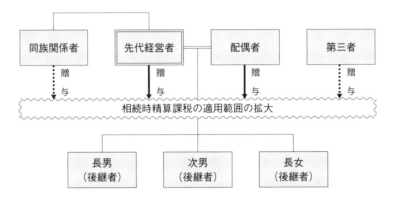

≪複数の後継者（最大3名）が対象
　①代表権を有している者に限られます。
　②20歳以上であること。
　③役員就任から3年以上を経過していること。
　④複数人で承継する場合、議決権割合10%以上を有し，かつ，議決権保有割合上位3位までの同族関係者に限られます。
　⑤後継者及び後継者と特別の関係がある者で総議決権数の50%超の議決権数を保有することとなること。

Q100　適用関係

Q99における相続時精算課税制度の適用範囲の拡大の適用関係について教えて下さい。

A　平成30年1月1日から令和9年12月31日までの時限措置として適用されます。

（法令・通達）　平成30年度改正法附則118⑤

解説 ···

　Q99の改正は，平成30年1月1日以後に贈与により取得する特例対象受贈非

上場株式等に係る贈与税について適用されます（平成30年度改正法附則118⑤）。

Q101 雇用確保要件の弾力化

近年の人手不足の現況に鑑み，経営承継期間（5年）で雇用平均80％を維持できなかった場合でも納税猶予が継続できるようになったそうですが，その雇用確保要件の弾力化について教えて下さい。

A　雇用確保要件が満たされない場合には，都道府県に理由の報告をすれば納税猶予の打切りリスクがなくなります。

（法令・通達）　措法70の7③二，70の7の5③カッコ書き，措令40の8㉓，措通70の7の5－15，円滑化省令20①③

解説 ....

　非上場株式等についての贈与税の納税猶予及び免除（いわゆる一般制度）における納税猶予の取消事由に係る雇用確保要件は，従業員数確認期間（一般制度の規定の適用を受けるために提出する最初の贈与税の申告書の提出期限の翌日から5年を経過する日）内に存する各基準日における常時使用従業員数の平均値が，贈与時における常時使用従業員数の80％を下回ることとなった場合には，納税猶予制度は取り消されることとされます（措法70の7③二，措令40の8㉓）。

　これに対して，非上場株式等についての贈与税の納税猶予及び免除の特例（いわゆる特例制度）における納税猶予の取消事由に係る雇用確保要件は，従業員数確認期間内に存する各贈与報告基準日における常時使用従業員数の平均値が，贈与時における常時使用従業員数の80％を下回った場合でも，納税猶予制度は取り消されないこととされます（措法70の7の5③カッコ書き）。ただし，この場合には，その満たせない理由を記載（認定経営革新等支援機関の意見が記載されているものに限ります。）した「特例承継計画に関する報告書（様式第27）」を都道府県に提出し，その確認を受ける必要があります（円滑化省令20①）。なお，都道府県知事へのこの報告書の提出期限は，認定に係る有効期限（5年）の末日の翌日から4月を経過する日とされます（円滑化省令20③）。

　また，その理由が，経営状況の悪化である場合又は正当なものと認められない場合には，特例認定承継会社は，認定経営革新等支援機関から指導及び助言を受けて，その書類にその内容を記載する必要があります（措通70の7の5－15）。

〔算式〕

各贈与報告基準日における常時使用従業員数の平均人数	$\geqq$	贈与時の常時使用従業員数×80%（1未満の端数切捨て）

【図表101－1】雇用確保要件の計算方法

〔算式〕

① 5年間の平均

$$\frac{21人＋20人＋18人＋17人＋17人}{5回}＝18.6人$$

② 贈与時の常時使用従業員数の80%

24人×80%＝19.2人→19人（切捨て）

③ 雇用確保要件の判定

①　＜　②　　∴　雇用確保要件は満たされていない

【一般制度】

　雇用確保要件を維持することができなかったため，認定取消しとなり納税猶予が打ち切りとされます。

【特例制度】

　雇用確保要件を維持することができなかった場合には，雇用が減少した理由を記載した「特例承継計画に関する報告書（様式第27）」を都道府県に提出し，その確認を受ければ，認定取消しとされませんので納税猶予が継続適用されます。

≪報告書への認定経営革新等支援機関による所見の記載≫

① 雇用が減少した理由に対する所見の記載が必要とされます。

② 雇用減少が経営悪化を理由とする場合又は正当な理由がない場合には，経営改善のための指導及び助言の内容の記載が必要とされます。

●関連解説：報告書（様式第27）の認定経営革新等支援機関による所見の記載
事項

1　認定経営革新等支援機関による所見
　　平均雇用人数の5年間平均が8割を下回った理由について，その理由が事実であ
るかどうかを確認し，所見を記載します。

≪チェックポイント≫
　① 「高齢化が進み後を引き継ぐ者を確保できなかった」を選択した場合
　　　退職理由を確認し，雇用人数減少の主たる理由が高齢化による退職であるこ
　　とを確認。
　② 「採用活動を行ったが，人手不足から採用に至らなかった」を選択した場合
　　　過去の求人状況（人材紹介会社やハローワーク等への求人状況及び自社広告
　　等）を確認し，雇用人数減少の主たる理由が採用に至らなかったためであるこ
　　とを確認。
　③ 「設備投資等，生産性が向上したため人手が不要となった」を選択した場合
　　　設備投資等の状況を確認し，雇用人数減少の主たる理由が生産性向上による
　　ものであることを確認。
　④ 「経営状況の悪化により，雇用を継続できなくなった」を選択した場合
　　　経営状況が悪化した理由について確認。その後，「指導及び助言の内容」欄の
　　記載が必要とされます。
　⑤ 「その他（具体的に理由を記載）」を選択した場合
　　　雇用人数減少の主たる理由が当該具体的な理由であるかどうかを確認。その
　　具体的な理由が認定経営革新等支援機関として正当でないと判断した場合は，
　　「指導及び助言の内容」欄の記載が必要とされます。
2　指導及び助言の内容
　　この欄は，「平均雇用人数の5年間平均が贈与の時の従業員の数の8割を下回った
理由」において，上記1④又は⑤を選択し，その具体的な理由が認定経営革新等支
援機関として正当でないと判断した場合に記載が必要とされます。

≪チェックポイント≫
　　その中小企業者が事業を継続していくための指導及び助言の内容の記載が必要と
されます。
　　また，上記1⑤を選択し，その具体的な理由が認定経営革新等支援機関として正
当でないと判断した場合には，その正当でないと判断する理由及びその中小企業者
が事業を継続していくための指導・助言の内容が必要とされます。

Q102 常時使用従業員の範囲

Q101における常時使用従業員の範囲について教えて下さい。

A 使用人兼務役員を含む正社員，契約社員及び継続した使用関係のあるパートタイマー等が対象とされます。

法令・通達　措法70の7②一イ，70の7の2②一イ，70の7の5①②一イ，70の7の6①②一イ，措規23の9④，23の10⑤，措通70の7－10，70の7の2－13，70の7の5－5，70の7の6－6

解説 ……………………………………………………………………………

「常時使用従業員」とは，会社の従業員（使用人兼務役員を含みます。）であって，①厚生年金保険法第9条又は健康保険法第3条第1項に規定する被保険者（以下「厚生年金保険又は健康保険の被保険者」といいます。）又は②会社と2月を超える雇用契約を締結している者で75歳以上である者とされています（措法70の7②一イ，70の7の2②一イ，措規23の9④，23の10⑤）。

また，上記①又は②のいずれかに該当すれば，経営承継受贈者又は経営承継相続人等の親族であっても該当することとされます（措通70の7－10，70の7の2－13）。

そこで，一般的な従業員の区分に応じ，常時使用従業員の可否を検討すると，図表102－1のとおりとされます。

なお，常時使用従業員の意義については，「贈与税の納税猶予及び免除の特例（措法70の7の5①）」又は「相続税の納税猶予及び免除の特例（措法70の7の6①）」についても同様とされます（措法70の7の5②一イ，70の7の6②一イ，措通70の7の5－5，70の7の6－6）。

【図表102-1】常時使用従業員に該当するか否かの判断

区　　分	常 時 使 用 従 業 員 の 可 否
正　社　員	労働期間の定めのない従業員（いわゆる正社員）は，70歳未満であれば厚生年金保険の被保険者とされ，75歳未満であれば健康保険の被保険者とされるため，常時使用従業員とされます。
契 約 社 員	労働期間の定めのある従業員（いわゆる契約社員（注））は，70歳未満であれば厚生年金保険の被保険者とされ，75歳未満であれば健康保険の被保険者とされるため，常時使用従業員とされます。 （注）　事業主との間に事実上の使用関係があり，厚生年金保険又は健康保険の被保険者となる従業員の形態をいい，請負の形態のものを除きます。
パ　ー　ト タ イ マ ー	短時間労働者（いわゆるパートタイマー）は，1日又は1週間の労働時間及び1か月の労働日数が，事業所において同種の業務に従事する者の4分の3以上とされ，継続した使用関係の実態がある場合には，原則として厚生年金保険又は健康保険の被保険者とされるため，常時使用従業員とされます。
アルバイト	一定期間内で臨時に使用される者（いわゆるアルバイト）は，厚生年金保険又は健康保険の被保険者とされないため，常時使用従業員とされません。

Q103　納税猶予分の贈与税額の計算方法

非上場株式等についての贈与税の納税猶予及び免除の特例を受ける場合における納税猶予される贈与税額の計算方法について教えて下さい。

A　暦年課税又は相続時精算課税を適用して，贈与を受けた全ての財産の価額の合計額を基礎として計算した通常の贈与税額から納税猶予分の贈与税額を控除した金額が納付すべき贈与税額とされます。

（法令・通達）　相法21の9，措法70の2の7①，70の7の5②八，措通70の2の7-1，70の7の5-13

解説 ···

　その年中に贈与を受けた全ての財産の価額の合計額を基礎として計算した通常の贈与税額から特例贈与株式のみを受贈したものとして計算した贈与税額（納税猶予分の贈与税額）を控除した金額が納付すべき贈与税額とされます。

　納税猶予分の贈与税額は，図表103-1に掲げる区分に応じそれぞれに掲げる金額とされます（措法70の7の5②八）。

【図表103－1】 納税猶予分の贈与税額の計算方法

区　分	納　税　猶　予　分　の　贈　与　税　額
暦年課税	特例贈与株式のみを受贈したものとして計算した贈与税額
相続時精算課税	相続時精算課税を選択した贈与者ごとに，特例贈与株式の合計額から特別控除額2,500万円（前年以前にこの特別控除の適用を受けた金額がある場合には，その金額を控除した残額）を控除した残額に20％を乗じて計算した贈与税額

(注)　特例対象受贈非上場株式等に係る特例認定贈与承継会社又はその特例認定贈与承継会社の特別関係会社であってその特例認定贈与承継会社との間に支配関係がある法人（以下「特例認定贈与承継会社等」といいます。）が外国会社（その特例認定贈与承継会社の特別関係会社に該当するものに限ります。）等を有する場合には，その特例認定贈与承継会社等がその株式等を有していなかったものとして計算した価額とされます（措通70の7の5－13）。

〔贈与税の納税猶予の具体的な計算〕

　当社は製造業を行う中小企業者（期末資本金5千万円，従業員100人）に該当する会社です。

　代表者である私は，長男を後継者とする事業承継を行おうと考えておりますが，自社株式を生前贈与した場合の贈与税額を納税猶予できる制度があると聞きました。

　そこで，次のケースの場合には，納税猶予される贈与税はいくらになるのが教えて下さい。

≪ケース1：贈与者が暦年課税により贈与した場合≫

　・発行済株式：3,000株

　・贈与直前の株主：贈与者3,000株，経営承継受贈者0株

　・1株当たりの相続税評価額：100,000円

　・贈与者→経営承継受贈者：3,000株贈与の場合

≪ケース2：ケース1において贈与者が相続時精算課税により贈与した場合≫

〔具体的な計算例〕

≪ケース1：暦年課税により贈与した場合≫

（1）　通常の贈与税額の計算

　①　課税価格　3,000株×100,000円＝300,000,000円

　②　基礎控除額　1,100,000円

③　贈 与 税 額　①－②＝298,900,000円

298,900,000円×55％－6,400,000円＝157,995,000円

（2）　納税猶予分の贈与税額の計算

① 取得株数要件　3,000株　≧　3,000株×2/3－0株＝2,000株

　　　　　　　　　贈与株式　　　　　　発行済株式数　　　　特例受贈者

∴　贈与税の納税猶予及び免除の適用あり

② 課 税 価 格　3,000株×100,000円＝300,000,000円

③ 基礎控除額　1,100,000円

④ 贈 与 税 額　②－③＝298,900,000円

298,900,000円×55％－6,400,000円＝157,995,000円

（3）　納付税額　（1）－（2）＝0円

≪ケース2：相続時精算課税により贈与した場合≫

（1）　通常の贈与税額の計算

① 課 税 価 格　3,000株×100,000円＝300,000,000円

② 基礎控除額　25,000,000円

③ 贈 与 税 額　①－②＝275,000,000円

275,000,000円×20％＝55,000,000円

（2）　納税猶予分の贈与税額の計算

① 取得株数要件　3,000株　≧　3,000株×2/3－0株＝2,000株

　　　　　　　　　贈与株式　　　　　　発行済株式数　　　　特例受贈者

∴　贈与税の納税猶予及び免除の適用あり

② 課 税 価 格　3,000株×100,000円＝300,000,000円

③ 基礎控除額　25,000,000円

④ 贈 与 税 額　②－③＝275,000,000円

275,000,000円×20％＝55,000,000円

（3）　納付税額　（1）－（2）＝0円

【実務上の留意点】

　特例経営承継受贈者が贈与により取得した特例対象受贈非上場株式等につき「相続時精算課税の選択（相法21の9）」の規定により計算した納税猶予分の贈与税額が零となる場合には，その特例経営承継受贈者は「相続時精算課税適用

者の特例（措法70の2の7①）」の規定の適用を受けることができません（措通70の2の7－1）。

Q104　経営環境変化に応じた差額減免制度の創設

将来の納税不安を軽減するため，特例経営贈与承継期間（5年）後の経営環境の変化に応じた差額減免制度が創設されたそうですが，その内容について教えて下さい。

A　株式売却，廃業時点の株価で納税額を再計算し，事業承継時との差額が免除されます。

法令・通達　措法70の7の5⑫，措令40の8の5㉒～㉗，措規23の12の2⑳～㉕，措通70の7の5－25～39

解説

特例認定贈与承継会社の事業の継続が困難な一定の事由が生じた場合において，特例経営贈与承継期間（図表90－1参照）経過後に，①特例対象受贈非上場株式等の譲渡等をしたとき，②特例認定贈与承継会社が合併により消滅したとき，③特例認定贈与承継会社が株式移転若しくは株式交換により株式交換完全子会社等となったとき，④特例認定贈与承継会社が解散をしたときには，図表104－1のとおり納税猶予税額が免除されます（措法70の7の5⑫，措令40の8の5㉒～㉗，措規23の12の2⑳～㉕，措通70の7の5－25～39）。

【図表104－1】 差額減免制度

① 特例対象受贈非上場株式等の譲渡の対価の額，合併の対価の額若しくは交換等対価の額（その特例対象受贈非上場株式等の時価に相当する金額の50％に相当する額が下限とされます。）又は解散の時における特例対象受贈非上場株式等の時価に相当する金額を基に再計算した猶予中贈与税額とこれらの事由が生じた日以前５年間に特例経営承継受贈者及びその同族関係者に対して支払われた配当及び過大役員給与等に相当する額（以下「直前配当等の額」といいます。）との合計額（合併の対価として交付された吸収合併存続会社等の株式の価額に対応する贈与税額等を除いた額とし，当初の納税猶予税額が上限とされます。）を納付することとされ，猶予中贈与税額からその合計額を控除した残額が免除されます。

② 特例対象受贈非上場株式等の譲渡等をした場合等（特例認定贈与承継会社が解散をした場合を除き，その対価の額が時価に相当する金額の50％に相当する額を下回る場合に限ります。）において，下記③の適用を受けようとするときには，担保の提供を条件に，上記①の再計算した猶予中贈与税額と直前配当等の額との合計額を猶予中贈与税額とすることができます。

③ 上記②の場合において，上記②の特例対象受贈非上場株式等の譲渡等をした場合等の後２年を経過する日において，特例認定贈与承継会社等の事業が継続している場合として一定の要件に該当する場合には，特例対象受贈非上場株式等の譲渡の対価の額，合併対価の額又は交換等対価の額を特例対象受贈非上場株式等の贈与の時における価額とみなして再計算した金額と直前配当等の額との合計額（以下「特例再計算贈与税額」といいます。）を納付することとし，上記②による猶予中贈与税額から特例再計算贈与税額を控除した残額が免除されます。

【図表104－2】 経営環境変化に応じた差額減免制度

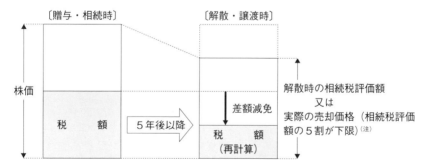

（注）　実際の売却価格が相続税評価額の５割未満の場合，いったん５割までを免除し，２年後譲渡した事業が継続され雇用が半数以上維持されている場合には，残額が免除されます。

Q105　事業の継続が困難な一定の事由とは

Q104において「事業の継続が困難な一定の事由」の範囲について教えて下さい。

A　過去3年間のうち2年売上減，有利子負債≧売上の6か月分，類似業種の上場企業株価が前年度から減少又は経営を継続しない特段の理由（譲渡・合併のみ）とされます。

（法令・通達）　措令40の8の5㉒

解説

「事業の継続が困難な一定の事由」とは，図表105－1に掲げるいずれか（特例認定贈与承継会社が解散をした場合にあっては，⑤は除かれます。）に該当する場合とされます（措令40の8の5㉒）。

【図表105－1】事業の継続が困難な一定の事由

① 直前の事業年度終了の日以前3年間のうち2年以上，特例認定贈与承継会社が赤字である場合
② 直前の事業年度終了の日以前3年間のうち2年以上，特例認定贈与承継会社の売上高が，その年の前年の売上高に比して減少している場合
③ 直前の事業年度終了の日における特例認定承継会社の有利子負債の額が，その日の属する事業年度の売上高の6か月分に相当する額以上である場合
④ 特例認定贈与承継会社の事業が属する業種に係る上場会社の株価（直前の事業年度終了の日以前1年間の平均）が，その前年1年間の平均より下落している場合
⑤ 特例経営承継受贈者が特例認定贈与承継会社における経営を継続しない特段の理由があるとき
（注） 特例認定贈与承継会社の非上場株式の譲渡等が直前の事業年度終了の日から6か月以内に行われたときは上記①から③までについて，その譲渡等が同日後1年以内に行われたときは上記④について，それぞれ「直前の事業年度終了の日」を「直前の事業年度終了の日の1年前の日」とした場合にそれぞれに該当するときについても，「事業の継続が困難な一定の事由」に該当するものとされます。

Q106　納税猶予税額の免除

納税猶予期間中において特例贈与者の死亡等があった場合においては，猶予されている贈与税額が免除されるそうですが，その内容について教えて下さい。

A　特例贈与者の死亡等があった場合には，「免除届出書」・「免除申請書」を提出することにより，その死亡等のあったときにおいて納税が猶予されている贈与税の全部又は一部についてその納税が免除されます。

（法令・通達）　措法70の7⑮，70の7の5⑪，措令40の8㊳㊴，措規23の9㉙

解説

本特例の適用を受ける特例経営承継受贈者又は特例贈与者が図表106－1のいずれかに掲げる場合に該当することとなったときには，それぞれに定める贈与税が免除されます。

この場合において，特例経営承継受贈者又は特例経営承継受贈者の相続人は，その該当することとなった日から同日以後6月（図表106－1の②に掲げる場合に該当することとなった場合にあつては，10月）を経過する日までに，「免除届出書」・「免除申請書」を納税地の所轄税務署長に提出しなければなりません（措法70の7⑮，70の7の5⑪，措令40の8㊳㊴，措規23の9㉙）。

【図表106-1】 納税猶予税額の免除

免　除　事　由　の　区　分	免除される税額
① 特例贈与者の死亡の時以前に特例経営承継受贈者が死亡した場合	猶予中贈与税額（全額）
② 特例贈与者が死亡した場合	猶予中贈与税額のうち，特例贈与者が贈与をした対象受贈非上場株式等に対応する部分の金額
③ 特例経営贈与承継期間内に特例経営承継受贈者がその有する対象受贈非上場株式等に係る特例認定贈与承継会社の代表権を有しないこととなった場合には，その有しないこととなった日以後に，特例経営承継受贈者が対象受贈非上場株式等につき免除対象贈与をした場合	猶予中贈与税額のうち，免除対象贈与に係る対象受贈非上場株式等に対応する部分の金額
④ 特例経営贈与承継期間の末日の翌日以後に，特例経営承継受贈者が対象受贈非上場株式等につき免除対象贈与をした場合	

第6章
取引相場のない株式等に係る相続税の納税猶予及び免除の一般・特例制度

I 非上場株式等についての相続税の納税猶予及び免除の一般制度

Q 107 相続税の納税猶予の一般制度の概要

現行の相続税の納税猶予制度の概要について教えて下さい。

A 事業後継者の相続税額のうち非上場株式に係る課税価格の80％に対応する相続税額の納税が猶予・免除されます。

解説

相続税の納税猶予制度とは，経営承継円滑化法に基づき都道府県知事の認定を受けた非上場株式等を相続又は遺贈により取得した後継者について，発行済議決権株式（相続時の発行済議決権株式の3分の2に達するまで）に係る課税価格の80％相当額に対応する相続税額が猶予されるものであり，雇用・株式等の確保を始めとする5年間の事業継続が要件とされます。

【図表107－1】相続税の納税猶予の一般制度の概要（現行制度）

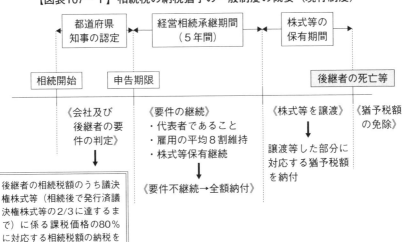

Q108　被相続人である先代経営者の定義（平成30年度税制改正前）

改正前の相続税の納税猶予制度の対象となる先代経営者の定義について教えて下さい。

A　認定承継会社の代表権を有していた個人で，相続の開始の直前に筆頭株主あった者とされます。

（法令・通達）　旧措法70の7の2①，措令40の8の2①

解説

　相続税における納税猶予の対象となる先代経営者である認定承継会社の被相続人とは，相続の開始の直前（その個人がその相続開始の直前において認定承継会社の代表権を有しない場合には，その個人がその代表権を有していた期間内のいずれかの時及びその相続の開始の直前）において，認定承継会社の代表権（制限が加えられた代表権を除きます。）を有していた個人で，図表108－1に掲げる要件の全てを満たすものとされています（旧措法70の7の2①，措令40の8の2①）。

【図表108－1】被相続人である先代経営者の適用要件（平成30年度税制改正前）

> ①　相続の開始の直前において，その個人及びその個人と特別の関係がある者の有するその認定承継会社の非上場株式等に係る議決権の数の合計が，その認定承継会社の総株主等議決権数の50％超の数であること。
> ②　相続の開始の直前において，その個人が有するその認定承継会社の非上場株式等に係る議決権の数が，その個人と特別の関係がある者（その認定承継会社の経営承継相続人等となる者を除きます。）のうちいずれの者が有するその非上場株式等に係る議決権の数をも下回らないこと。

Q109　被相続人の要件の拡充（平成30年度税制改正）

相続税の納税猶予及び免除の一般制度について，中小企業経営者の次世代経営者への引継ぎを支援するため被相続人の要件が拡充されたそうですが，その内容について教えて下さい。

A　複数の株主からの相続又は遺贈も対象とされます。また，経営承継期間（5年）の末日までに相続税の申告期限が到来する相続等が対象とされます。

（法令・通達）　措法70の7の2①・②三ホ，70の7の4①，措令40の8の2①，措通70の7の2－2，70の7の2－15の2，円滑化法6①八，円滑省令6，8

解説

非上場株式等に係る相続税の納税猶予及び免除の一般制度について，被相続人の要件が非上場株式（議決権に制限のないものに限ります。）を有していた個人（改正前：代表権（制限が加えられた代表権を除きます。）を有していた個人）とされます。相続又は遺贈については，経営承継期間（5年）の末日までにその相続等に係る相続税の申告書の提出期限が到来するものが対象とされます（措法70の7の2①，70の7の4①，措令40の8の2①，措通70の7の2－2，70の7の2－15の2）。

また，経営承継相続人（円滑化法6①八）が，相続認定中小企業者株式等についても，認定の有効期限内にその相続又は遺贈に係る申告書の提出期限が到来するものに限り，改正前の納税猶予及び免除制度の対象とされます（円滑化省令6）。認定の有効期限は，その認定に係る相続又は遺贈に係る申告期限の

翌日から5年を経過する日とされます（円滑化省令8）。

　なお，個人が認定贈与承継会社の非上場株式等について納税猶予及び免除の特例制度（後述するⅡ参照）の規定の適用を受けている場合には，改正後の納税猶予及び免除の拡充の適用除外とされます（措法70の7の2②三ホ）。

●関連解説：都道府県知事認定申請時の先代経営者の適用要件

　円滑化法における相続税の納税猶予の適用対象となる先代経営者である被相続人とは，相続の開始の後における「都道府県知事認定申請時」において，次に掲げる要件の全てを満たす者とされています（円滑化省令6①ハト(6)(7)）。

① その代表者の被相続人（その相続の開始の前において，その中小企業者の代表者であった者に限ります。）が，相続の開始の直前（その被相続人がその相続の開始の直前（その被相続人がその相続の開始の直前においてその中小企業者の代表者でない場合には，その被相続人がその代表者であった期間内のいずれかの時及びその相続の開始の直前）において，その被相続人に係る同族関係者と合わせてその中小企業者の総株主等議決権数の50％超の議決権の数を有し，かつ，その被相続人が有するその中小企業者の株式等の議決権の数がいずれのその同族関係者（その中小企業者の第一種経営承継相続人等となる者を除きます。）が有していたその株式等の議決権の数も下回らなかった者であること。

② その代表者の被相続人が，その中小企業者の株式等について既に円滑化法第12条第1項の都道府県知事の認定（第7号及び第9号の事由に係るものに限ります。）に係る贈与をした者でないこと。

Q110 猶予税額の免除事由の拡充（平成30年度税制改正）

相続税の納税猶予及び免除の一般制度について，既に相続税の納税猶予制度の適用を受けた者でも贈与税の納税猶予の特例制度の適用対象とされるケースがあるそうですが，その内容についてについて教えて下さい。

A 　納税猶予の免除事由について，経営承継期間（5年）の末日の翌日以後に，贈与税の納税猶予の特例制度の適用に係る贈与を行った場合には，その適用を受けることが可能とされます。

（法令・通達）　措法70の7①，70の7の2①・⑯二，70の7の5①，措令40の8の2㊹，措規23の10㉗二

解説

　「相続税の納税猶予及び免除の一般制度（措法70の７の２①）」の規定の適用を受ける経営承継相続人等が，経営承継期間の末日の翌日（経営承継期間内にその経営承継相続人等がその有する対象非上場株式等に係る認定承継会社の代表権を有しないこととなった場合には，その有しないこととなった日）以後に，その経営承継相続人等が対象非上場株式等につき「贈与税の納税猶予及び免除の一般制度（措法70の７①）」又は「贈与税の納税猶予及び免除の特例制度（措法70の７の５①）」の規定の適用に係る贈与をした場合には，贈与の直前における猶予中相続税額のうち，その贈与をした対象非上場株式等の数又は金額に対応する部分の金額に相当する相続税が免除されます。

　この場合において，その経営承継相続人等は，その適用に係る贈与税の申告書を提出した日以後６月を経過する日までに，「免除届出書」・「免除申請書」を納税地の所轄税務署長に提出しなければなりません（措法70の７の２⑯二，措令40の８の２㊹，措規23の10㉗二）。

　つまり，平成30年度税制改正では，既に相続税の納税猶予及び免除の一般制度の適用を受けている２代目経営者が，経営承継期間（５年）の末日の翌日以後に３代目経営者に贈与（平成30年１月１日から令和９年12月31日までの期間

【図表110－１】　３代目に贈与する場合の納税猶予制度の拡充

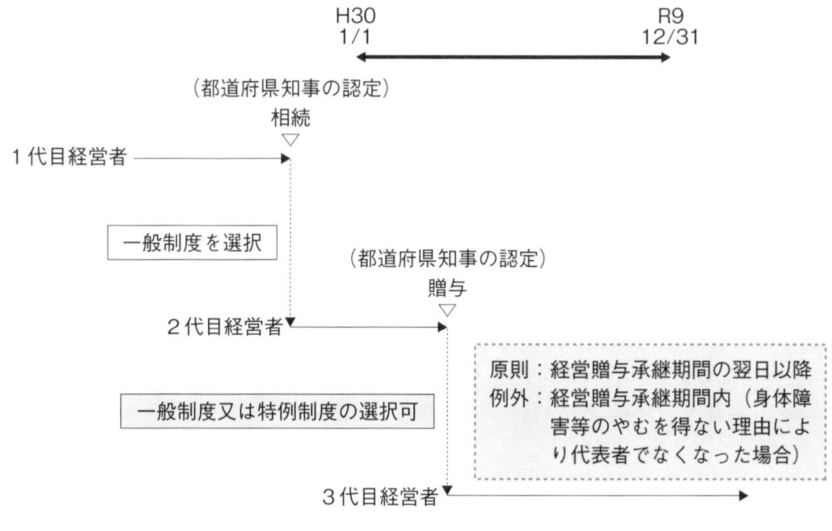

中の贈与に限ります。以下同じ。）したケースについては，贈与税の納税猶予
及び免除の特例制度の適用が可能とされます。

　また，経営承継期間内に身体障害等のやむを得ない理由により経営承継相続
人等（２代目経営者）が認定承継会社の代表者でなくなった場合で，３代目経
営者に贈与したケースについても，贈与税の納税猶予及び免除の特例制度の適
用が可能とされます。

Q111　適用関係

Q109及びQ110における納税猶予の一般制度の拡充の適用関係について教え
て下さい。

A　平成30年１月１日から令和９年12月31日までの時限措置として適用され
ます。また，既に一般制度の適用を受けている者も経営承継期間（５年）内で
あれば，他の被相続人からの相続又は遺贈についても一般制度の対象とされま
す。

（法令・通達）　措法70の７の２①②三・③④⑯㉛，平成30年度改正法附則118㉒㉓，
平成30年度改正令附則44⑥

解説

　Q109及びQ110の改正は，平成30年１月１日以後に相続又は遺贈により取得
する非上場株式等に係る相続税について適用され，平成30年１月１日前に相続
又は遺贈により取得する非上場株式等に係る相続税については，なお従前の例
によります（平成30年度改正法附則118㉒）。

　なお，図表111−１に掲げる者は，経営承継相続人等（措法70の７の２②三）
とみなして，平成30年度税制改正後の「相続税の納税猶予及び免除の一般制度
（措法70の７の２①〜④⑯㉛）」の規定（図表111−１①②に掲げる経営承継相
続人等にあっては，措法70条の７の２第16項の規定）が適用されます（平成30
年度改正法附則118㉓，平成30年度改正令附則44⑥）。

【図表111－1】経営承継相続人等の経過措置

① 所得税法等の一部を改正する法律（平成22年法律第6号）第18条の規定による改正前の相続税の納税猶予及び免除の制度の規定の適用を受けている経営承継相続人等（平成22年旧措法70の7の2②三）
② 現下の厳しい経済状況及び雇用情勢に対応して税制の整備を図るための所得税法等の一部を改正する法律（平成23年法律第82号）第17条の規定による改正前の相続税の納税猶予及び免除の制度の規定の適用を受けている経営承継相続人等（平成23年旧措法70の7の2②三）
③ 所得税法等の一部を改正する法律（平成25年法律第6号）第8条の規定による改正前の相続税の納税猶予及び免除の制度の規定の適用を受けている経営承継相続人等（平成25年旧措法70の7の2②三）
④ 所得税法等の一部を改正する法律（平成27年法律第9号）第8条の規定による改正前の相続税の納税猶予及び免除の制度の規定の適用を受けている経営承継相続人等（平成27年旧措法70の7の2②三）
⑤ 所得税法等の一部を改正する等の法律（平成29年法律第4号）第12条の規定による改正前の相続税の納税猶予及び免除の制度の規定の適用を受けている経営承継相続人等（平成29年旧措法70の7の2②三）
⑥ 旧租税特別措置法第70条の7第1項の規定の適用を受けている経営承継受贈者（旧措法70の7②三）

Q112　納税猶予及び免除の一般制度（平成30年度改正後）

平成30年度税制改正後の相続税の納税猶予及び免除の一般制度の適用要件について教えて下さい。

A　都道府県知事の認定を受けた非上場株式等を相続又は遺贈により取得した後継者について，相続の直前の時の発行済議決権株式の3分の2に達するまでに係る相続税額の80％相当額が納税猶予されます。

（法令・通達）　措法70の7の2①，措令40の8の2①

解説

認定承継会社の非上場株式等（議決権に制限のないものに限ります。以下同じ。）を有していた個人（以下「被相続人」といいます。）から相続又は遺贈により，認定承継会社の非上場株式等の取得（経営承継期間の末日までに相続税の申告書の提出期限が到来する相続又は遺贈に限ります。）をした経営承継相続人等が，その相続に係る相続税の申告書の提出により納付すべき相続税の額

のうち，その非上場株式等でこの規定の適用を受けようとする旨の記載がある
もの（相続の開始の時におけるその贈与承継会社の発行済議決権株式等の総数
等の3分の2に達するまでの部分に限ります。以下「対象非上場株式等」とい
います。）に係る納税猶予分の相続税額に相当する相続税については，その相
続税の申告書の提出期限までにその納税猶予分の相続税額に相当する担保を提
供した場合に限り，その経営承継相続人等の死亡の日までその納税が猶予され
ます（措法70の7の2①，措令40の8の2①）。

Ⅱ 非上場株式等についての相続税の納税猶予及び免除の特例制度

Q113 納税猶予の特例制度の創設

相続税の納税を猶予する事業承継税制について，中小企業経営者の次世代経営者への引継ぎを支援するため行われる納税猶予制度の特例制度（以下単に「本特例」といいます。）の創設について教えて下さい。

A 特例経営承継相続人等が，特例認定承継会社の株主から相続によりその特例認定承継会社の非上場株式を取得した場合には，その取得した全ての非上場株式に係る課税価格に対応する相続税の全額について，その特例被相続人の死亡の日までその納税が猶予されます。

（法令・通達） 措法70の7の6①，措通70の7の6-2

解説 ···

特例認定承継会社の非上場株式等（議決権に制限のないものに限ります。）を有していた個人（以下「特例被相続人」といいます。）から相続又は遺贈により特例認定承継会社の非上場株式等の取得（平成30年1月1日から令和9年12月31日までの間の最初の本特例の適用に係る相続又は遺贈による取得及びその取得の日から特例経営承継期間の末日までの間に相続税の申告書の提出期限が到来する相続又は遺贈による取得に限ります。）をした特例経営承継相続人等が，その相続に係る相続税の申告書の提出により送付すべき相続税額のうち，特例対象非上場株式等に係る納税猶予分の相続税額に相当する相続税については，その相続税の申告書の提出期限までに納税猶予分の相続税額に相当する担保を提供した場合に限り，その特例経営承継相続人等の死亡の日までその納税が猶予されます（措法70の7の6①，措通70の7の6-2）。

【図表113－1】適用対象となる相続又は遺贈

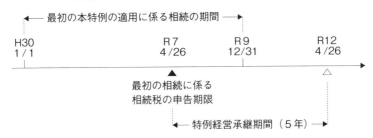

Q114　特例経営承継期間の定義

Q113における「特例経営承継期間」の定義について教えて下さい。

A 　最初の本特例の適用に係る相続に係る相続税の申告書の提出期限の翌日から5年又は特例経営承継相続人等の死亡の日の前日のいずれか早い日とされます。

（法令・通達）　措法70の7の5①，70の7の6②六，措通70の7の6－12

解説・・・

　「特例経営承継期間」とは，最初の本特例の適用に係る相続に係る相続税の申告書の提出期限の翌日から図表114－1に掲げる日のいずれか早い日又は本特例の適用を受ける特例経営承継相続人等の死亡の日の前日のいずれか早い日までの期間とされます（措法70の7の6②六，措通70の7の6－12）。

【図表114－1】特例経営承継期間

①　特例経営承継相続人等の最初の本特例の適用に係る相続の申告書の提出期限の翌日以後5年を経過する日
②　特例経営承継相続人等の最初の「非上場株式についての贈与税の納税猶予及び免除の特例（措法70の7の5①）」の規定の適用に係る贈与の日の属する年分の贈与に係る贈与税の申告書の提出期限の翌日以後5年を経過する日

Q115　特例被相続人の定義

Q113における「特例被相続人」の定義について教えて下さい。

A 特例認定承継会社の株主で，一定の要件に該当する個人株主とされます。

法令・通達　措法70の7の5①，70の7の6①，70の7の8①，措令40の8の6①，円滑化省令6①十二ト⑺

解説

「特例被相続人」とは，特例認定承継会社の非上場株式等（議決権に制限のないものに限ります。以下同じ。）を有していた個人として図表115−1に掲げる場合の区分に応じそれぞれに定める者とされます（措法70の7の6①，措令40の8の6①）。

なお，特例贈与をした者は，特例被相続人になることができませんので留意して下さい（円滑化省令6①十二ト⑺）。

【図表115−1】特例被相続人の定義

区　　分	適　用　要　件
相続の開始の直前において，既に事業承継税制の適用を受けている者（注）がいる場合	特例認定承継会社の非上場株式等を有していた個人
上記以外の場合	次に掲げる要件の全てを満たすこと。 ①　相続の開始前において，特例認定贈与承継会社の代表権を有していた個人 ②　相続の開始の直前において，被相続人及び被相続人と特別の関係ある者で総議決権数の50％超の議決権数を保有し，かつ，特例経営承継相続人等を除いたこれらの者の中で最も多くの議決権数を保有していたこと。

(注)　「既に事業承継税制の適用を受けている者」とは，次に掲げる者のいずれかに該当する者とされます。
①　その特例認定承継会社の非上場株式等について，「非上場株式等に係る贈与税の納税猶予及び免除の特例（措法70の7の5①）」，「非上場株式等に係る相続税の納税猶予及び免除の特例（措法70の7の6①）」又は「非上場株式等に係る特例贈与者が死亡した場合の相続税の課税の特例（措法70の7の8①）」の規定の適用を受けている者
②　特例贈与者から「非上場株式等に係る贈与税の納税猶予及び免除の特例（措法70の7の5①）」の規定の適用に係る贈与によりその特例認定承継会社の非上場株式等の取得をしている者（上記①に掲げる者を除きます。）

③　特例被相続人から「非上場株式等に係る相続税の納税猶予及び免除の特例（措法70の7の6①）」の規定の適用に係る相続又は遺贈によりその特例認定承継会社の非上場株式等の取得をしている者（上記①に掲げる者を除きます。）

Q116　特例経営承継相続人等の定義

Q113における「特例経営承継相続人等」の定義について教えて下さい。

A　特例認定承継会社の特例承継計画に記載されたその特例認定承継会社の代表権を有する後継者（同族関係者と合わせてその特例認定承継会社の総議決権数の過半数を有する者に限ります。）であって，その同族関係者のうち，その特例認定承継会社の議決権を最も多く有する者（その特例承継計画に記載されたその後継者が2名又は3名以上の場合には，その議決権数において，それぞれ上位2名又は3名の者）とされます。

（法令・通達）　措法70の7①，70の7の2①，70の7の3①，70の7の6②六，措令23の12の3⑨一，措規23の12の3⑨

解説

「特例経営承継相続人等」とは，特例被相続人から本特例の規定の適用に係る相続又は遺贈により特例認定承継会社の非上場株式等の取得をした個人で，図表116-1に掲げる要件の全てを満たす者（その者が2人又は3人以上ある場合には，その特例認定承継会社が定めた2人又は3人までに限ります。）とされます（措法70の7の6②六，措規23の12の3⑨）。

【図表116-1】特例経営承継相続人等の適用要件

① その個人が，その相続の開始の日の翌日から5月を経過する日において，特例認定承継会社の代表権（制限が加えられた代表権を除きます。）を有していること。
② その相続の開始の時において，その個人及び個人と特別の関係がある者の有する特例認定承継会社の非上場株式等に係る議決権の数の合計が，その特例認定承継会社に係る総株主等議決権数（総株主（注）又は総社員の議決権の数とされます。）の50％を超える数であること。
　（注）株主総会において決議をすることができる事項の全部につき議決権を行使することができない株主を除きます。
③ 次に掲げる場合の区分に応じそれぞれ次に定める要件を満たしていること。
　イ　個人が1人の場合

　　　その相続の開始の時において，その個人が有する特例認定承継会社の非上場株式等に係る議決権の数が，その個人と特別の関係がある者のうちいずれの者（その個人以外の本特例の規定の適用を受ける者を除きます。以下同じ。）が有する特例認定承継会社の非上場株式等に係る議決権の数をも下回らないこと。

ロ　個人が２人又は３人の場合

　　　その相続の開始の時において，その個人が有する特例認定承継会社の非上場株式等に係る議決権の数が，特例認定承継会社の総株主等議決権数の10％以上であること及びその個人と特別の関係がある者のうちいずれの者が有する特例認定承継会社の非上場株式等に係る議決権の数をも下回らないこと。

④　その個人が，相続の開始の時からその相続に係る相続税の申告書の提出期限（その提出期限前にその個人が死亡した場合には，その死亡の日）まで引き続きその相続又は遺贈により取得をした特例認定承継会社の特例対象受贈非上場株式等の全てを有していること。

⑤　その個人が，特例認定贈与承継会社の非上場株式等について「非上場株式等についての贈与税の納税猶予及び免除（措法70の７①）」，「非上場株式等についての相続税の納税猶予及び免除（措法70の７の２①）」又は「非上場株式等の贈与者が死亡した場合の相続税の課税の特例（措法70の７の３①）」の規定の適用を受けていないこと。

⑥　その個人が，特例認定承継会社の経営を確実に承継すると認められる要件として中小企業における経営の承継の円滑化に関する省令第17条第１項の確認を受けた特例認定承継会社のその確認に係る中小企業における経営の承継の円滑化に関する省令第16条第１号ロに規定する特例後継者の要件を満たしていること（措令23の12の３⑨一）。

⑦　その個人が，相続の開始の直前において特例認定承継会社の役員（特例被相続人が60歳未満で死亡した場合を除きます。）であること（措令23の12の３⑨一）。

スタッフへのアドバイス

預貯金債権の仮払い制度等（民法改正）

　平成28年判例（最高裁大法廷平成28年12月19日判決・民集70巻８号2121頁）では，相続された普通預金債権，通常貯金債権及び定期貯金債権（以下「預貯金債権」といいます。）は遺産分割の対象に含まれることとされ，共同相続人による単独での払戻しができないこととされていました。これにより，生活費や葬式費用の支払い及び相続債務の弁済などの資金需要がある場合でも，遺産分割が終了するまでの間は，被相続人の預貯金債権の払戻しができませんでした。

　そこで，この問題点を解決するために民法が改正され，「家庭裁判所の判断を経ないで預貯金の払戻しを認める制度（いわゆる預貯金債権の仮払い制度）」が創設されました。

　創設された預貯金債権の仮払い制度の概要と実務上の留意点は，次のとおりとされます。

Ⅰ　制度の概要

　各共同相続人は，遺産に属する預貯金債権のうち相続開始の時の債権額の3分の1に「法定相続分（民法900）及び代襲相続分（民法901）」の規定により算定したその共同相続人の相続分を乗じた額（標準的な当面の必要生計費，平均的な葬式の費用の額その他の事情を勘案して預貯金債権の債務者（同一の金融機関）ごとに150万円が限度とされます。）については，単独でその権利を行使することができることとされます。

　この場合において，その権利の行使をした預貯金債権については，その共同相続人が遺産の一部の分割によりこれを取得したものとみなされます（民法909の2，平成30年11月21日改正民規29）。

〔算式〕

$$\boxed{\begin{array}{c}\text{相続開始時の}\\\text{預貯金債権の額}\end{array}} \times \boxed{\dfrac{1}{3}} \times \boxed{\begin{array}{c}\text{共同相続人の}\\\text{相続分の割合}\end{array}} = \boxed{\begin{array}{c}\text{単独で払戻しができる}\\\text{預貯金債権の額}^{(注)}\end{array}}$$

(注)　「預貯金債権の額」は，口座ごと（定期預金の場合は明細ごと）とされます。

　　　ただし，同一の金融機関（同一の金融機関の複数の支店に預貯金債権の額がある場合はその全支店）からの払戻しは150万円が上限とされます。

Ⅱ　預貯金債権の仮払いが可能な金額の計算例

≪設例≫

　次の前提において，預貯金債権の仮払い制度を適用した場合における配偶者が各金融機関から単独で払戻しができる預貯金債権の額は，いくらになるのか教えて下さい。

1　相続人2人（妻・長男）で法定相続分に応じて遺産分割協議（予定）

2　預貯金債権の額

　①　A銀行（普通預金720万円）

　②　B銀行（普通預金600万円，定期預金1,200万円）

≪計算≫

1　A銀行

　普通預金　720万円×1/3× 1/2（相続分の割合）＝120万円 ＜ 150万円（上限額）

　　　　　　　　　　　　　　　　　　　　　　　　　　∴ 120万円

2　B銀行

　①　普通預金　600万円×1/3× 1/2（相続分の割合）＝100万円

　②　定期預金　1,200万円×1/3× 1/2（相続分の割合）＝200万円

　③　①＋②＝300万円 ≧ 150万円（上限額）∴ 150万円

≪実務上の留意点≫

　同一の金融機関（同一の金融機関の複数の支店に預貯金債権の額がある場合はその全支店）からの払戻しは150万円が上限とされます。そこで，B銀行か

らの払戻しは，普通預金口座からは最大100万円の払戻しを，定期預金口座からは最大150万円の払戻しをすることが可能とされます。

　なお，どの口座からいくら払戻しを受けるかは，その請求をする相続人の判断に委ねられますので，普通預金から100万円，定期預金から50万円の払戻しを求めることは可能とされますが，普通預金のみから150万円の払戻しを求めることはできませんので留意して下さい。

　また，定期預金は満期が到来していることが払戻しの前提とされています。

Ⅲ　適用関係

　前述したⅠの改正は，令和元年7月1日前に開始した相続に関し，令和元年7月1日以後に預貯金債権を行使される場合に適用されます（平成30年7月13日改正民法附則5①，平成30年11月改正民令附則316）。

Ⅳ　手続規定

　預貯金債権の仮払い制度を活用する際には，原則として，本人確認書類（例：法定相続情報証明制度を利用すれば登記所から交付される「法定相続情報一覧図の写し」），預貯金の払戻しを希望する者の実印及び印鑑証明書が必要とされます。

第7章
事業承継と民法

I　遺留分制度に関する見直し

Q117　遺留分に関する権利の行使によって生ずる権利の金銭債権化

改正前の民法では，遺留分権利者は，現物での返還請求しかできないこととされていました。このため，遺留分を侵害する贈与等の対象が不動産であった場合，遺留分権利者は，受遺者又は受贈者に対して，その一部持分の返還しか求めることができず，結果不動産の共有状態が生じることとなり，その共有関係の解消をめぐり新たな紛争が生じる恐れがある等の実務上の問題が生じていました。

そこで，平成30年7月13日に「民法及び家事事件手続法の一部を改正する法律（平成30年法律第72号）」が公布され，遺留分侵害額の行使によって生ずる権利について見直が行われたそうですが，その内容について教えて下さい。

A　遺留分権利者等は，受遺者又は受贈者に対し，遺留分侵害額に相当する金銭の支払を請求することができることとされます。これによって，目的物の共有状態が当然に生ずることが回避されることとなります。

（法令・通達）　民法1046①

解説

遺留分権利者及びその承継人は，受遺者（特定財産承継遺言により財産を承継し又は相続分の指定を受けた相続人を含みます。以下同じ。）又は受贈者に対し，遺留分侵害額に相当する金銭の支払を請求することができることとされます（民法1046①）。

　なお，改正前の民法では，遺留分に関する権利を行使すると，遺留分を侵害する遺贈又は贈与の全部又は一部が無効となり，その無効とされた部分に関する権利が遺留分権利者に移転することとなるため，「減殺」という文言が使用されていたそうです。

　新民法では，遺留分侵害の原因となった遺贈又は贈与の効力は維持されたうえで，受遺者又は受贈者に対し，遺留分侵害額に相当する金銭の支払義務を負わせることとされたため，「遺留分侵害額の請求権」との文言が使用されることとなったそうです。

【具体的な計算例】

≪設例1：遺留分に関する権利の行使によって生ずる権利の金銭債権化≫

　被相続人である父は，長男に自宅の土地及び建物を，長女に現預金を相続させる旨の遺言をし，死亡しました。

　遺言書の内容に不満な長女が長男に対し，遺留分侵害額請求を行った場合の民法改正前及び改正後の取扱いがどうなるのか教えて下さい。

〔前提〕

1　相続人2人（長男・長女）

2　相続財産

　①　自宅の土地及び建物の相続税評価額　7,500万円

　②　現預金　1,200万円

3　長女の遺留分侵害額の計算

相続財産の合計額　　相続分の割合　遺留分の割合　長女の相続分
(7,500万円＋1,200万円) × 1/2 × 1/2 － 1,200万円 ＝975万円

〔解答〕

【民法改正前】

　遺留分減殺請求権の行使により，長男の相続した土地建物は，次の持分割合により複雑な共有状態となるため，その解消をめぐり新たな紛争が生じる恐れがあります。

・長男の持分割合　　65,250,000/75,000,000　→　87/100

・長女の持分割合　　9,750,000/75,000,000　→　13/100

【民法改正後】

　遺留分侵害額の請求権の行使が金銭債権化されるため，長男の相続した土地

建物の共有状態が生ずることが回避されるとともに，遺贈又は贈与の目的財産を受遺者又は受贈者に与えたいという遺言者の意思が尊重されることが可能となります。

　なお，長男が遺留分侵害額975万円の金銭を準備できないため，土地建物の共有持分13/100を長女に引き渡した場合には，長男に譲渡所得が発生します（詳しくはQ122参照）。

Q118　期限の許与

Q117において遺留分侵害額の請求を受けた受遺者又は受贈者が十分な資金が準備できなかった場合には，どうしたらよいか教えて下さい。

A　受遺者又は受贈者は，裁判所に対し，支払期限の猶予を求めることができることとされています。

（法令・通達）　民法1047⑤

解説　……………………………………………………………………………

　遺留分を侵害する遺贈又は贈与の対象資産が換金困難な不動産又は動産である場合又は贈与を受けた金銭を費消してしまい遺留分侵害額の請求を受けた時点では十分な資金が準備できない場合には，遺留分権利者から金銭請求を受けた受遺者又は受贈者が直ちに金銭を準備できないケースも想定されるところです。

　このようなケースでは，受遺者又は受贈者が不当に不利益を受けることがないようにするため，裁判所は，受遺者又は受贈者の請求により，遺留分侵害額に相当する負担する債務の全部又は一部の支払につき相当の期限を許与することができることとされています（民法1047⑤）。

　なお，裁判所が期限を許与した場合には，その期限の許与がされた金銭債務の全部又は一部について，遡及的にその弁済期が変更されたこととされます。例えば，裁判所が令和2年4月26日まで期限を許与した場合には，遅延損害金が発生するのはその翌日の4月27日午前零時からとされます。

●関連解説：裁判所が期限の許与をした場合の「主文」の記載例

1　被告は，原告に対して令和2年4月26日が到来したときには金〇〇円及びこれに対する令和2年4月27日から支払済みまでの年×％の割合による金員を支払え。
2　原告のその余の請求を棄却する。

Q119　遺留分の算定の基礎となる財産の範囲の見直し

改正前の民法では，遺留分算定の基礎となる財産の価額に算入すべき贈与は，相続開始前1年以内にされた贈与に限定することとされていました。しかし，平成10年判例（最判平成10年3月24日・民集52巻2号433頁）では，相続人に対する贈与については，その時期を問わず原則としてその全てが遺留分を算定するための財産の価額に算入されることとされました。

これにより，被相続人が相続人に対して相続開始時の数十年前の贈与の存在によって減殺の対象範囲が変わることとなり，第三者である受遺者又は受贈者に不測の損害を与え，その法的安定性を害する恐れがあるという問題が生じていました。

そこで，平成30年7月13日に「民法及び家事事件手続法の一部を改正する法律（平成30年法律第72号）」が公布され，遺留分算定の基礎となる財産の範囲について見直しが行われたそうですが，その内容について教えて下さい。

A　相続人に対する生前贈与について，相続開始前10年以内にされたものに限り，遺留分算定の基礎となる財産に含めることとされます。

（法令・通達）　民法904，1043，1044①～③

解説

第三者に対する贈与は，相続開始前の1年間にされたものに限り，遺留分を算定するための財産の価額に算入することとされます（民法1043，1044①）。

また，相続人に対する贈与については，原則として，相続開始前の10年間にされたものに限り，遺留分を算定するための財産の価額（婚姻若しくは養子縁組のため又は生計の資本として受けた贈与の価額に限ります。）に算入することとされます（民法1043，1044③）。

ただし，これらの贈与であっても，被相続人及び受贈者の双方が遺留分権利

者に損害を加えることを知って贈与をした場合については，1年間又は10年間の期間の制限にかかわらず，1年前又は10年前の日より前にしたものについても，遺留分を算定するための財産の価額に算入することとされます（民法1043，1044①）。

　なお，遺留分を算定する際の財産の価額は，相続開始時点の時価とされます（民法904，1044②）。

【図表119−1】遺留分算定の基礎となる財産の範囲の見直し

贈　　与　　の　　区　　分		遺留分算定の基礎となる財産	
		改　正　前	改　正　後
原則	相続人に対する贈与（注）	期間制限なし	10年間
	上記以外の者に対する贈与	1年間	
例外	被相続人及び受贈者の双方が遺留分権利者に損害を加えることを知って行った贈与	期間制限なし	

（注）　婚姻・養子縁組のため又は生計の資本として受けた贈与の価額に限ります。

●関連解説：平成10年判例の要旨

　「特別受益者の相続分（旧民法903①）」の規定で定める相続人に対する贈与は，右贈与が相続開始よりも相当以前にされたものであって，その後の時の経過に伴う社会経済事情や相続人など関係人の個人的事情の変化をも考慮するとき，減殺請求を認めることが右相続人に酷であるなどの特段の事情のない限り，「遺留分算定の基礎となる財産の価額に算入すべき贈与は，相続開始前1年以内にされた贈与に限定（旧民法1030）」の規定で定める要件を満たさないものであっても，遺留分減殺の対象となるものと解するのが相当である。

（最判平成10年3月24日・民集52巻2号433頁）

Q120 遺留分侵害額の算定における債務の取扱いに関する見直し

改正前の民法では，遺留分侵害額の算定において遺留分権利者が相続によって債務を承継した場合には，その承継した債務の弁済後に遺留分に相当する財産が残るようにするため，その債務の額を遺留分侵害額の算定において加算して計算することとされていました。この場合において，遺留分侵害額の請求を受けた受遺者又は受贈者がその債務を弁済等して消滅させたときには，その債務の額を加算する必要がないのではないかとの指摘が実務家から行われていました。

そこで，平成30年7月13日に「民法及び家事事件手続法の一部を改正する法律（平成30年法律第72号）」が公布され，遺留分侵害額の算定における債務の取扱いに関する見直しが行われたそうですが，その内容について教えて下さい。

A 遺留分侵害額の請求を受けた受遺者又は受贈者がその債務を弁済等して消滅させたときには，その債務の額を加算する必要がないことが明示されました。

（ 法令・通達 ） 民法899，1042〜1046，1047③

解説 ……………………………………………………………………

遺留分侵害額の請求を受けた受遺者又は受贈者は，「遺留分権利者承継債務」について弁済その他の債務を消滅させる行為をしたときは，遺留分権利者に対し，その消滅した債務の額の限度において，遺留分侵害額による金銭債務を消滅させることができることとされました。「遺留分権利者承継債務」とは，被相続人が相続開始の時において有した債務のうち，「共同相続人の効力（民法899）」の規定により遺留分権利者が承継する債務の額とされます（民法1046②三）。

この場合において，受遺者又は受贈者が，遺留分権利者が負担する相続債務を弁済する等して取得した求償権は，消滅したその債務の額を限度として消滅することとされます（民法1047③）。

なお，遺留分権利者における遺留分侵害額を求める算式は，次の〔算式〕に掲げるとおりとされます（民法1042〜1046）。

〔算式〕

(注) 民法改正では，この遺留分権利者承継債務につき，遺留分侵害額の請求を受けた受遺者又は受贈者がその債務を弁済等して消滅させたときには，その債務の額を加算する必要がないことが明示されました。

Q121　適用関係

Q117からQ120における遺留分制度に関する見直しの適用関係について教えて下さい。

　令和元年7月1日以後から適用されます。

法令・通達　改正民法附則1，2　改正民令附則316

解説 ....

　Q117からQ120の改正は，令和元年7月1日以後に開始した相続について適用され，令和元年6月30日前に開始した相続については，なお従前の例によることとされます（平成30年7月13日改正民法附則1，2，平成30年11月改正民令附則316）。

　そこで，令和元年6月30日前に作成された遺言がある場合でも，相続開始が令和元年7月1日以後であれば，遺留分に関する改正後の規定が適用されますので留意して下さい。

Ⅱ　遺留分制度の見直しに伴う税制上の措置

Q 122　遺留分侵害額請求による不動産分与

平成30年7月13日に「民法及び家事事件手続法の一部を改正する法律（平成30年法律第72号）」が公布され，相続に関する規律が見直されました。

このうち，令和元年度税制改正では，遺留分制度が見直され遺留分侵害額請求による不動産分与が行われた場合には課税関係が発生することとなったそうですが，その内容について教えて下さい。

A　金銭の支払に代えて相続財産である不動産が分与された場合には，代物弁済として債務消滅額が譲渡所得の課税対象とされます。

（法令・通達）　所基通33－1の6，38－7の2

解説

「令和元年度版税制改正のすべて」では，受遺者又は受贈者が遺留分侵害額に相当する金銭の支払に代えてその有する資産（その遺贈又は贈与により取得した資産も含みます。）を遺留分権利者に引き渡した場合には，受遺者又は受贈者は遺留分権利者に対してその資産を譲渡したことになる旨が記載されています（財務省ホームページ：所得税法等の改正・111頁）。

これを受けて，令和元年6月28日に所得税の基本通達が発遣されました。このうち「遺留分侵害額の請求に基づく金銭の支払に代えて行う資産の譲渡（所基通33－1の6）」では，資産を移転させた際に譲渡による収入が生じることとなり，その収入金額は，請求を受けた者が負う遺留分侵害額に係る債務の消滅額とされることが明らかになりました。また，「遺留分侵害額の請求に基づく金銭の支払に代えて移転を受けた資産の取得費（所基通38－7の2）」では，その遺留分請求者が，その履行の時において履行により消滅した債権の額に相当する価額により，その資産を取得したこととされることが明らかになりました。

〔具体的な計算例〕

≪設例２：遺留分侵害額請求による不動産分与≫

　前述した≪設例１≫（Q117）において，長男が遺留分侵害額975万円の金銭を準備できないため，土地建物の共有持分13/100を長女に引き渡した場合の民法改正後の税務上の取扱いがどうなるのか教えて下さい。

〔解答〕

　遺留分を侵害する遺贈又は贈与の対象資産が換金困難な不動産等である場合には，遺留分権利者から金銭請求を受けた受遺者又は受贈者が直ちに金銭を準備できないケースも想定されます。

　この場合において，金銭の支払に代えて相続財産である不動産が分与された場合には，代物弁済として債務消滅額975万円が長男の譲渡所得の収入金額とされます（所基通33－１の６）。

　また，長女については，その履行の時において履行により消滅した債権の額975万円により，その資産を取得したこととされます（所基通38－７の２）。

 123　適用関係

　　Q122おける遺留分侵害額請求による不動産分与の適用関係について教えて下さい。

A　令和元年７月１日以後から適用されます。

（法令・通達）　平成31年度改正法附則８

解説 ……………………………………………………………………………………

　Q122の改正は，令和元年７月１日前に開始した相続又は遺贈により遺留分による減殺の請求に基づき返還すべき又は弁償すべき額が確定した場合については従前どおりとされています（平成31年度改正法附則８）。

●関連解説：改正通達（令和元年６月28日・課資３－３他追加）

○遺留分侵害額の請求に基づく金銭の支払に代えて行う資産の譲渡（所基通33－１の６）

　　「遺留分侵害額の請求（民法1046①）」の規定による遺留分侵害額に相当する

金銭の支払請求があった場合において，金銭の支払に代えて，その債務の全部又は一部の履行として資産（当該遺留分侵害額に相当する金銭の支払請求の基因となった遺贈又は贈与により取得したものを含む。）の移転があったときは，その履行をした者は，原則として，その履行があった時においてその履行により消滅した債権の額に相当する価額によりその資産を譲渡したこととなる。

○遺留分侵害額に基づく金銭の支払に代えて移転を受けた資産の取得費（所基通38－7の2）

「遺留分侵害額の請求（民法1046①）」の規定による遺留分侵害額に相当する金銭の支払請求があった場合において，金銭の支払に代えて，その債務の全部又は一部の履行として資産の移転があったときは，その履行を受けた者は，原則として，その履行があった時においてその履行により消滅した債権の額に相当する価額により当該資産を取得したこととなる。

Ⅲ　遺留分に関する民法上の特例

Q124 生前贈与株式を遺留分の対象から除外できる制度（除外合意）

経営承継円滑化法では，遺留分制度による制約を解決するため，後継者が旧代表者からの贈与等により取得した自社株式（完全無議決権株式を除きます。以下同じ）について，先代経営者の推定相続人全員の合意及び及び所定の手続（経済産業大臣の確認及び家庭裁判所の許可）を経ることを前提に，いわゆる「除外合意」又は「固定合意」という2つの民法の特例の規定の適用を受けることができることとされています。
このうち，除外合意の概要について教えて下さい。

A　「除外合意」とは，旧代表者の生前に，経済産業大臣の確認を受けた後継者が，遺留分権利者全員との合意内容について家庭裁判所の許可を受けることで，旧代表者から後継者へ生前贈与された自社株式その他事業用財産について，遺留分減殺請求の対象から除外できる制度とされます。

（法令・通達）　円滑化法4①一，7②一，円滑化省令3②一

解説

　後継者が旧代表者から贈与等により取得した自社株式は，その贈与がいつ行われたものであっても，民法の規定によれば「特別受益」としてすべて遺留分算定の基礎となる財産に算入され，原則として遺留分侵害請求の対象とされます。

　「除外合意」とは，旧代表者から後継者が贈与により取得したその特例中小企業者の株式等の全部又は一部について，その価額を遺留分を算定するための財産の価額に算入しないこと，つまり株式等を遺留分算定の基礎財産から除外する合意をいいます。また，贈与を受けた旧代表者の推定相続人から相続，遺贈若しくは贈与により取得した株式等についても除外合意を受けることができます（円滑化法4①一）。

　旧代表者の推定相続人が，除外合意をする際には，推定相続人全員の書面による合意が必要となります（円滑化法4①）。この合意は，当事者である推定相続人全員の署名又は実印による記名押印が必要とされます（円滑化法7②一，

円滑化省令3②一）。

　なお，後継者が旧代表者から贈与等により取得した株式等につき除外合意を
することにより，その株式等は遺留分算定の基礎となる財産に算入されず，遺
留分減殺請求の対象にもならないため，旧代表者の相続に伴う株式等の分散防
止が可能とされます。

【図表124-1】除外合意

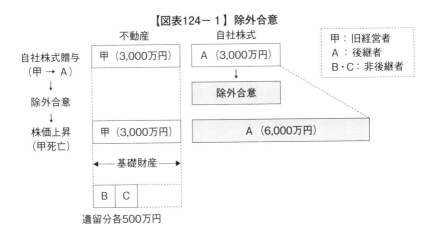

遺留分各500万円

Q125　生前贈与株式の評価額を予め固定できる制度（固定合意）

Q124における2つの民法の特例の規定のうち，固定合意の概要について教
えて下さい。

A 　「固定合意」とは，経済産業大臣の確認を受けた後継者が，遺留分権利
者全員との合意内容について家庭裁判所の許可を受けることで，遺留分の算定
に際して，生前贈与された自社株式の価額をその合意時の評価額で予め固定で
きる制度とされます。

（法令・通達）　円滑化法4①，7②，円滑化省令3②一

解説

　後継者が旧代表者から贈与等により取得した自社株式は，その贈与後に株式
の価値が後継者の貢献により上昇した場合でも，遺留分算定の基礎となる財産
に算入する価額は，相続開始時点の上昇後の評価額で計算することとなります。

　「固定合意」とは，旧代表者から後継者が贈与により取得したその特例中小企業者の株式等の全部又は一部について，遺留分を算定するための財産の価額に算入すべき価額を「その合意の時における価額」に固定する合意をいいます。また，贈与を受けた旧代表者の推定相続人から相続，遺贈若しくは贈与により取得した株式等についても固定合意を受けることができます（円滑化法４①二）。「合意の時における価額」については，税理士又は税理士法人等の専門家が「その時における相当な価額として証明をしたもの」であることが必要とされます。

　旧代表者の推定相続人が，固定合意をする際には，推定相続人全員の書面による合意が必要となります（円滑化法４①）。この合意は，当事者である推定相続人全員の署名又は実印による記名押印が必要とされます（円滑化法７②一，円滑化省令３②一）。

　なお，後継者が旧代表者からの贈与等により取得した株式等につき固定合意をすることにより，その株式等を遺留分を算定するための財産の価額に算入すべき価額がその合意時における価額に固定されます。そこで，旧代表者の相続開始時までにその株式等の価値が上昇しても，非後継者の遺留分の額が増大することはなく，後継者の経営意欲の阻害要因を排除することができます。

【図表125－1】固定合意

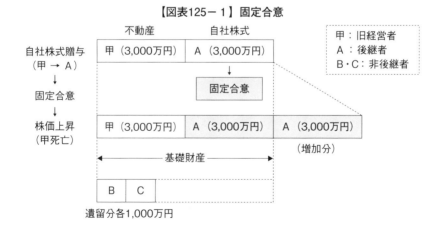

Q 126 附随（オプション）合意

除外合意又は固定合意をする際には，これらの合意に併せて，いわゆる「付随（オプション）合意」を行うことができるそうですが，付随（オプション）合意の概要について教えて下さい。

A 「付随（オプション）合意」とは，除外合意又は固定合意をする際に，これらの合意に併せて，後継者が生前贈与を受けた株式等以外の財産及び非後継者が生前贈与を受けた財産を遺留分算定基礎財産から除外することができる合意とされます。

（法令・通達） 円滑化法5，6①②

解説

　遺留分に関する民法の特例の適用を受けるためには，後継者を含む旧代表者の推定相続人全員が，書面により，「除外合意」と「固定合意」の双方又はいずれか一方の合意を行う必要があります。また，これらの合意を行った場合には，「除外合意」と「固定合意」に併せて「付随（オプション）合意」を行うことができます。

　なお，「付随（オプション）合意」とは，次に掲げる合意とされますので，これを活用して後継者と非後継者の間のバランスを図り，相互に納得のできる合意書を作成すべきでしょう。

1　後継者が贈与等により取得した株式等以外の財産

　旧代表者の推定相続人は，除外合意及び固定合意オプションとして，後継者が旧代表者から贈与等を受けた株式等以外の財産である「事業の用に供している不動産」及び「資金繰りに使用している現金及び預金」などの財産を遺留分算定の基礎となる財産に算入しないこととする合意をすることができます（円滑化法5）。なお，この付随（オプション）合意の対象とすることができる財産の種類及び金額については，制限はありません。

2　推定相続人間の衡平を図るための措置についての定め

　旧代表者の推定相続人が，除外合意，固定合意及び付随（オプション）合意

をする際に，非後継者の同意を得るために，推定相続人間の衡平を図ることにより，これらの合意がしやすくなると考えられます。そこで，推定相続人間の衡平を図るための措置に関する定めをする場合には，経済産業大臣の確認及び家庭裁判所の許可の手続における資料となることから，その定めは書面によるべき旨が規定されています（円滑化法6①）。

　なお，その具体的な内容については，経営承継円滑化法では基準を設けていませんが，例えば次のような定めをすることが想定されます。

①　後継者が非承継者に対して，一定額の金銭を支払うこと。

②　後継者が旧代表者に対して，生活費として毎月一定額の金銭を支払うこと。

③　後継者が旧代表者に対して，疾病が生じたときに医療費その他の金銭の負担をすること。

3　非後継者が贈与等により取得した財産

　旧代表者の推定相続人は，上記2の「推定相続人間の衡平を図るための措置についての定め」の1つとして非後継者が旧代表者から贈与等を受けた財産を遺留分算定の基礎となる財産に算入しないこととする合意をすることができます（円滑化法6②）。

　なお，この合意の対象とすることができる財産の種類及び金額については，制限はありません。

【図表126-1】遺留分に関する民法の特例に係る合意

| 〔除外合意〕後継者が贈与を受けた株式等を遺留分を算定するための財産の価額から除外 | and/or | 〔固定合意〕後継者が贈与を受けた株式等の評価額を合意時の価額で固定 | + | 〔付随（オプション）合意〕後継者が贈与を受けた株式等以外の財産及び非後継者が贈与を受けた財産を遺留分算定基礎財産から除外 |

Q127 除外合意又は固定合意の適用除外

除外合意又は固定合意を行う際における適用除外の規定について教えて下さい。

A 除外合意又は固定合意の対象とした株式等を除いた残りの議決権の数が総株主又は総社員の議決権の50％を超える場合には，除外合意又は固定合意を行うことができません。

（法令・通達）　円滑化法4①但し書

解説

　その後継者が所有するその特例中小企業者の株式等のうち，除外合意又は固定合意の対象とした株式等を除いたものに係る議決権の数が総株主又は総社員の議決権の100分の50を超える数となる場合には，除外合意又は固定合意を行うことができないこととされています（円滑化法4①但し書）。

【図表127-1】合意の対象株式の判定

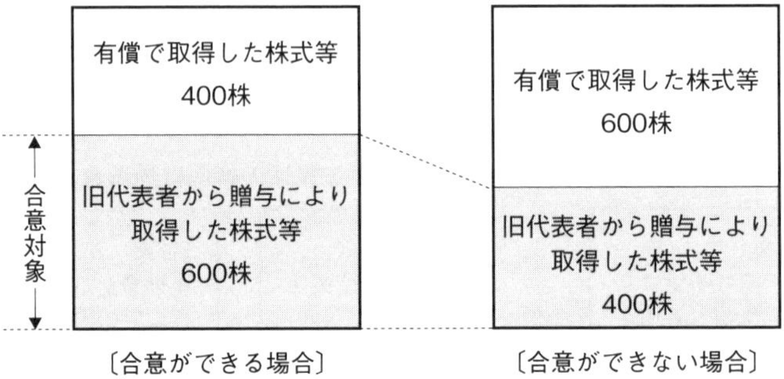

[合意ができる場合]　　　[合意ができない場合]

Q128　後継者が株式等を売却したとき等についての定め

非後継者Ａ及びＢは，除外合意及び固定合意によって後継者に事業承継が行われた後，後継者Ｃが除外合意又は固定合意の対象とされた株式等を処分したり，旧代表者Ｄの生存中に代表者として経営に従事しなくなるのではないかと心配で，事業承継に協力するか否かについて悩んでいます。

後継者Ｃに対する抑止力となるような合意書が作成できるなら，除外合意及び固定合意に協力してもよいと考えています。

そこで，合意書の作成の際に，非後継者がとることができる措置について教えて下さい。

A　後継者は，除外合意及び固定合意によって会社経営の元手とされる株式・事業用資産等と経営者としての代表権を取得することとなります。この地位と財産は，非後継者の協力と期待があって実現したものということができます。

その協力と期待に反して，除外合意及び固定合意の対象とされた株式を処分したり，代表権を辞任した場合には，相当のペナルティを科すか，事業承継会社の将来についてどうするかの合意書を作成する際に，全員の合意をもって，合意書に記載しておく必要があるでしょう。

（法令・通達）　円滑化法4③

解説 ···

除外合意及び固定合意をした後，「後継者がその合意の対象とした株式等を処分した場合」又は「特例中小企業者の代表者を退任したりした場合」には，その合意は民法の特例制度の創設の趣旨に沿わなくなります。ただし，このような場合にその合意の効力が消滅することとすると，その合意の対象とした株式等の価値が下落し，その合意があることによって不利益を受けると判断した後継者がその株式等を処分する等，容易にその合意の効力を消滅させることができることとなるという問題点が生じることとなります。

そこで，旧代表者の推定相続人は，除外合意及び固定合意をする際に，併せて，その全員の合意をもって，書面により，後継者が株式等を処分した場合等に非後継者がとることができる措置を定めなければなりません（円滑化法4③）。

　なお，その具体的な内容については，経営承継円滑化法では基準を設けていませんが，例えば次のような定めをすることが想定されます。

① 　後継者が特例中小企業者の代表者を退任したりした場合には，その合意の対象，除外合意及び固定合意を解除すること。

② 　後継者が除外合意及び固定合意の対象とした株式等を処分した場合には，その譲渡した株式等の対価の一部を非後継者に支払うこと。

③ 　上記①又は②の事由に該当した場合には，後継者に対して，一定の違約金又は制裁金を請求できる等のペナルティ条項を定めること。

Ⅳ 遺留分に関する民法上の特例の適用対象者等の意義

Q 129 中小企業者とは

経営承継円滑化法の対象となる中小企業者の範囲について教えて下さい。

A 中小企業者とは，業種・個人・会社・資本・人数の区分により判定されます。

(法令・通達) 円滑化法2，円滑化政令1，円滑化省令1①

解説 ···

　経営承継円滑化法の対象となる「中小企業者」の範囲は，中小企業基本法上の中小企業者を基本とし，労働集約性及び資本効率等を踏まえ一部の業種につき，中小企業の範囲を中小企業基本法上の中小企業により拡大しています。

　具体的には，図表129-1に掲げる資本金基準又は従業員数基準のいずれかに該当すれば適用要件を満たすこととされます（円滑化法2，円滑化政令1，円滑化省令1①）。

【図表129-1】 中小企業者の範囲

区分			適用要件	
			資本金基準	従業員数基準
製造業 その他	原則		3億円以下	300人以下
	ゴム製品製造業（自動車又は航空機用タイヤ及びチューブ製造業並びに鉱業用ベルト製造業を除く）(注)			900人以下
卸売業			1億円以下	100人以下
小売業			5千万円以下	50人以下
サービス業	原則			100人以下
	旅館業			200人以下
	ソフトウェア・情報処理サービス業		3億円以下	300人以下

(注)　適用対象となる「ゴム製品製造業」には，ゴムホース，ゴム手袋及びゴム草履業などとされます。

Q130　特例中小企業者とは

遺留分に関する民法上の特例の適用を利用できる適用対象者となる特例中小企業者の範囲について教えて下さい。

A 特例中小企業者とは，中小企業者のうち3年以上継続して事業を行っている会社等で，非上場会社とされます。

（法令・通達）　円滑化法3①，円滑化省令1②，2

解説 ··

「特例中小企業者」とは，中小企業者のうち，3年以上継続して事業を行っている会社（金融商品取引所に上場されている株式又は店頭売買有価証券登録原簿に登録されている株式を発行している株式会社を除きます。）をいいます（円滑化法3①，円滑化省令1②，2）。

そこで，遺留分に関する民法の特例制度を利用できる会社を「特例中小企業者」と定義されます。

Q131　旧代表者とは

遺留分に関する民法上の特例の適用を利用できる適用対象者となる旧代表者の範囲について教えて下さい。

A 旧代表者とは，後継者である推定相続人に特例中小企業者の株式等を贈与した者とされます。

（法令・通達）　円滑化法3②，円滑化省令1③

解説 ··

「旧代表者」とは，特例中小企業者の代表者であった者（代表者である者を含みます。）であって，その推定相続人（相続が開始した場合に相続人となるべき者のうち被相続人の兄弟姉妹及びこれらの者の子以外のものに限ります。以下同じ。）のうち少なくとも1人に対してその特例中小企業者の株式等（株式（株主総会において決議をすることができる事項の全部につき議決権を行使

することができない株式を除きます。）又は持分をいいます。以下同じ。）の贈与をしたものをいいます（円滑化法3②，円滑化省令1③）。

そこで，「旧代表者」については，次の内容について留意する必要があります。

1　特例中小企業者の代表者であった者（代表者である者を含みます）

遺留分の算定に係る合意をする時点において，被相続人となるべき旧代表者は，特例中小企業者の代表者を既に退任している場合又は後継者とともに代表者である場合のいずれでも良いこととなります。

2　推定相続人（相続が開始した場合に相続人（略）以外のものに限ります）

民法上の推定相続人は，兄弟姉妹も含まれます。しかし，経営承継円滑化法における「推定相続人」は，遺留分の算定に係る合意の当事者となる者とされますので，遺留分を有さない兄弟姉妹及びこれらの者の子が除かれます。

3　特例中小企業者の株式等（株式（株主総会（略）ができない株式を除きます）又は持分をいいます）

株式等は，遺留分の算定に係る合意の対象となるものであり，その分散による会社経営の不安定化を防止するという経営承継円滑化法の趣旨から，株式からは会社の経営上の意思決定に関与しない完全無議決権株式が除かれます。

また，持分は，合名会社，合資会社及び合同会社における持分を意味しています。

4　推定相続人のうち少なくとも1人に対して株式等の贈与をしたもの

贈与契約を締結しただけでは足りず，議事録の整備，株主名簿の書換え及び株券を交付する等，既に贈与の履行が行われていることが必要とされます。

Q 132　後継者とは

遺留分に関する民法上の特例の適用を利用できる適用対象者となる後継者の
範囲について教えて下さい。

A　後継者とは，特例中小企業者の株式等の贈与を受けた推定相続人であり，
その代襲相続人で議決権の過半数を有し，かつ，代表者であるものとされます。

（法令・通達）　円滑化法3③，円滑化省令1④

解説 ……………………………………………………………………………

　「後継者」とは，旧代表者の推定相続人のうち，その旧代表者からその特例
中小企業者の株式等の贈与を受けた者又はその贈与を受けた者からその株式等
を相続，遺贈若しくは贈与により取得した者であって，その特例中小企業者の
総株主（株主総会において決議をすることができる事項の全部につき議決権を
行使することができない株主を除きます。以下同じ）又は総社員の議決権の過
半数を有し，かつ，その特例中小企業者の代表者であるものとされます（円滑
化法3③，円滑化省令1④）。

　そこで，「後継者」については，次の内容について留意する必要があります。

1　旧代表者の推定相続人

　後継者も遺留分の算定に係る合意の当事者となることから，旧代表者の推定
相続人であることが要件とされます。

2　その旧代表者からその特例中小企業者の株式等の贈与を受けた者

　旧代表者から直接贈与を受けた者とされます。

3　その贈与を受けた者からその株式等を相続，遺贈若しくは贈与により取得
　　した者

　旧代表者から直接贈与を受けてはいないが，旧代表者から贈与を受けた旧代
表者の推定相続人から相続，遺贈若しくは贈与により株式等を取得した者とさ
れます。

　具体的には，図表132-1のようなケースが該当します。

【図表132－1】 相続，遺贈若しくは贈与により取得した者

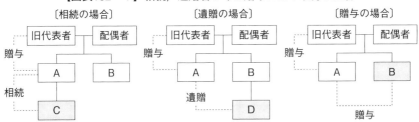

4　総株主又は総社員の議決権の過半数を有していること

　後継者が単独で総株主又は総社員の議決権の過半数を有していることが要件とされます。この場合において，旧代表者から贈与を受けた株式等だけで過半数である必要はありませんので，既に保有している株式等及び同時に購入した株式等を合わせて議決権の過半数を有していることが要件とされます。

5　総株主（株主総会において決議をすることができる事項の全部につき議決権を行使することができない株式を除きます）

　「総株主」には，完全無議決権株式のみを有する株主が除かれます。そこで，一定事項に議決権が制限されている議決権制限株式を有する株主は適用対象とされます。

6　特例中小企業者の代表者であるもの

　遺留分の算定に係る合意をする時点において，特例中小企業者の代表者となっていることが要件とされます。

V　遺留分に関する民法上の特例の手続規定

Q133　経済産業大臣の確認

遺留分に関する民法上の特例の適用を利用する場合における手続規定のうち，経済産業大臣の確認について教えて下さい。

A 後継者が申請人となり，書面により遺留分の算定に係る合意の日から1カ月以内に経済産業大臣に対し確認申請の手続を行います。

（法令・通達）　円滑化法7②，円滑化省令3，農地法2⑦

解説 ···

　除外合意，固定合意及び付随（オプション）合意をした後継者は，その合意をした日から1月以内に，次に掲げる書類を添付した申請書（様式第1）を経済産業大臣に提出しなければなりません（円滑化法7②，円滑化省令3①②）。

　また，この申請書には，その申請書の写し及び下記①の書面の写し各2通を添付します（円滑化省令3③）。

　なお，経済産業大臣の確認の申請は，特例中小企業者の主たる事業者の所在地を管轄する経済産業局を経由して行うことができまます（円滑化省令3④）。

①　その合意の当事者全員の署名又は記名押印のある次に掲げる書面

　（イ）　その合意に関する書面

　（ロ）　その合意の当事者全員がその特例中小企業者の経営の承継の円滑化を図るためにその合意をした旨の記載がある書面

②　固定合意をした場合においては，合意時における相当な価額としての証明書

③　その合意の書面に当事者が押印した場合には，その当事者が押印した印鑑に係る印鑑登録証明書（確認申請をする日の前3月以内に作成されたものに限ります。）

④　合意日における特例中小企業者の定款の写し

⑤　特例中小企業者の登記事項証明書（確認申請をする日の前3月以内に作成されたものに限ります。）

【図表133－1】民法の特例の手続規定

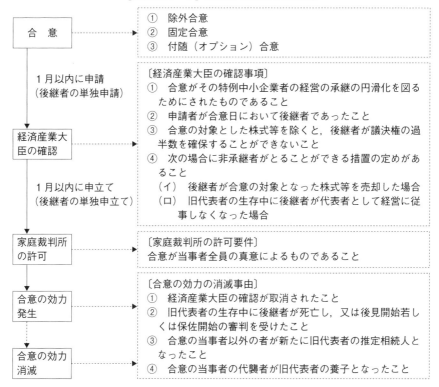

⑥　合意日における特例中小企業者の従業員数証明書

⑦　特例中小企業者の合意日の属する事業年度の直前の3事業年度の貸借対照表，損益計算書，株主資本等変動計算書及び個別注記表その他これらに類する書類

⑧　特例中小企業者が上場会社等に該当しない旨の誓約書

⑨　特例中小企業者が農業生産法人（農地法2⑦）である場合には，合意日において農業生産法人である旨の農業委員会の証明書

⑩　旧代表者が合意日において特例中小企業者の代表者でない場合には，旧代表者がその特例中小企業者の代表者であった旨の記載のある登記事項証明書

⑪　合意日における旧代表者のすべての推定相続人（相続が開始した場合に相続人となるべき者のうち被相続人の兄弟姉妹及びこれらの者の子以外のものに限ります。）を明らかにする戸籍謄本等

⑫　特例中小企業者が株式会社である場合には，合意日における株主名簿の写し

⑬　上記に掲げるもののほか，上記①の確認の参考となる書類

Q 134　経済産業大臣の確認項目

遺留分に関する民法上の特例の適用を利用する場合における手続規定のうち，経済産業大臣の確認項目について教えて下さい。

A　経済産業大臣の確認項目は，除外合意，固定合意及び付随（オプション）合意の内容が，民法上の特例の適用要件を満たしているか否かとされます。

（法令・通達）　円滑化法4③，7①

解説

除外合意，固定合意及び付随（オプション）合意の内容が，民法の特例制度の要件を満たしているか否かを確認するために，次に掲げる項目について経済産業大臣が確認することとされます（円滑化法7①）。

①　その合意がその特例中小企業者の経営の承継の円滑化を図るためにされたものであること

②　申請をした者がその合意をした日において後継者であったこと

③　合意日において，その後継者が所有するその特例中小企業者の株式等のうち，その合意の対象とした株式等を除いたものに係る議決権の数が総株主又は総社員の議決権の50％以下の数であったこと

④　前述したQ128に記載した「後継者が株式等を売却したとき等についての定め（円滑化法4③）」による合意をしていること

Q 135　確認書の交付

遺留分に関する民法上の特例の適用を利用する場合における手続規定のうち，経済産業大臣の確認書の交付について教えて下さい。

A　除外合意，固定合意及び付随（オプション）合意の当事者は，経済産業大臣に対して，確認証明書の交付を請求することができます。

（法令・通達）　円滑化省令5

解説

　経済産業大臣は，Q133の確認の申請を受けた場合において，その確認をしたときには様式第2による確認書を交付し，その確認をしない旨の決定をしたときは様式第3により申請者である後継者に対して通知しなければなりません（円滑化省令5①）。

　また，除外合意，固定合意及び付随（オプション）合意の当事者は，経済産業大臣に対して，様式第5による「確認証明書」の交付を請求することができます（円滑化省令5②③）。

Q136　家庭裁判所の許可

遺留分に関する民法上の特例の適用を利用する場合における除外合意，固定合意及び付随（オプション）合意の効力は，家庭裁判所の許可を受けていなければ，その効力が発生しないこととされています。
そこで，これら合意の効力の対象となる家庭裁判所の許可について教えて下さい。

A　経営承継円滑化法の遺留分に関する民法上の特例による家庭裁判所の認可は，①合意した全員に対して往復文書で「真意で合意したか」という内容の文書を発送すること，②「真意でなかった」という記載のある文書が戻ってきた場合又は文書が戻って来なかった場合には家庭裁判所の調査官が出向き事情聴取し許可の判断材料とすること等の方法によって行われることとされます。

（法令・通達）　円滑化法8，9③

解説 ....

　前述したQ133の経済産業大臣の確認を受けた後継者は，その確認を受けた日から1月以内に家庭裁判所に申し立てる必要があります（円滑化法8①）。

　家庭裁判所は，その合意が当事者全員の「真意」によるものであるとの心証を得なければ，許可することができません（円滑化法8②）。この真意の確認は，非後継者の呼び出し又は担当官の派遣等により行われ，「相応の代償がなされているか」が重要な判断基準になると思われます。

　また，経済産業大臣の確認申請及び家庭裁判所の許可申立ての手続は，いずれも後継者が単独で行うことができますので，非後継者が自ら個別に家庭裁判所に申立てを行わなければならない遺留分放棄制度と比較して，非後継者の手続負担が簡素化されています。

　なお，除外合意，固定合意及び付随（オプション）合意の効力は，合意した当事者の範囲に限られます。そこで，これら合意の効力は，旧代表者がした遺贈及び贈与について，合意した当事者以外の第三者に対する遺留分の減殺に影響を及ぼさないこととされています（円滑化法9③）。

Q137　合意の効力の消滅

遺留分に関する民法上の特例の適用を利用する場合における除外合意，固定合意及び付随（オプション）合意の効力が消滅する事由について教えて下さい。

A　家庭裁判所の許可を受けて効力の発生した除外合意，固定合意及び付随（オプション）合意は，経済産業大臣の確認が取り消されたこと等の事由が生じたときは，合意の効力を失うこととされます。

（法令・通達）　円滑化法10

解説 ⋯⋯⋯⋯⋯⋯⋯⋯⋯⋯⋯⋯⋯⋯⋯⋯⋯⋯⋯⋯⋯⋯⋯⋯⋯⋯⋯⋯⋯⋯⋯⋯⋯⋯⋯

　家庭裁判所の許可を受けて効力の発生した除外合意，固定合意及び付随（オプション）合意は，次に掲げる事由が生じたときは，合意の効力が消滅することとされます（円滑化法10）。

　この場合には，民法の規定に従って遺留分が算定されることとなりますので，非後継者が遺留分の侵害を受けているときには，後継者に対して遺留分減殺請求をすることができることとされます。

① 　経済産業大臣の確認が取り消されたこと
② 　旧代表者の生存中に後継者が死亡し，又は後見開始若しくは保佐開始の審判を受けたこと
③ 　合意の当事者以外の者が新たに旧代表者の推定相続人となったこと
④ 　合意の当事者の代襲者が旧代表者の養子となったこと

≪引用文献≫
- 「平成30年度税制改正大綱」（平成29年12月22日閣議決定）
- 「平成31年度税制改正大綱」（平成30年12月21日閣議決定）
- 「令和 2 年度税制改正大綱」（令和元年12月20日閣議決定）
- 税制調査会資料
- 経済産業省資料「平成30年度経済産業省関係税制改正について」（平成29年12月）
- 中小企業庁資料「平成30年度改正の概要について（中小企業・小規模事業者関係)」（平成29年12月）
- 中小企業庁財務課資料「特例承継計画に関する指導及び助言を行う機関における事務について」（平成30年 4 月 1 日版）
- 法務省資料「Ｑ＆Ａ自筆証書遺言について」（法務省ホームページ）
- 財務省資料「税制改正のすべて－令和元年度－」（財務省ホームページ）

≪参考文献≫
- 武田昌輔監修『DHC相続税コンメンタール』（第一法規）
- 山本敬三著『民法の基礎から学ぶ民法改正』（岩波書店）
- 堂薗幹一郎・野口宣大編著『一問一答新しい相続法』（商事法務）
- 堂薗幹一郎著『相続法制の大改正』（雅粒社編・時の法令2072号：2019年 4 月30日 4 ～27頁）
- 蓑毛誠子・坂田真吾編著『相続法改正Ｑ＆Ａ』（中央経済社）
- 拙著『Ｑ＆Ａ平成30年度税制改正の実務』（中央経済社）
- 拙著『Ｑ＆Ａ令和元年度（平成31年度）税制改正の実務』（中央経済社）
- 拙著『Ｑ＆Ａでわかる令和 2 年度税制改正・新型コロナ対策税制の実務』（中央経済社）

索　引

〔著者紹介〕

宮森俊樹（みやもり・としき）（税理士）

昭和38年福島県生まれ，昭和63年大原簿記学校税理士課法人税法科専任講師，平成4年右山昌一郎事務所入所，平成8年税理士登録。

現在，税理士法人事務所　代表社員・所長，東京税理士会会員講師，税務会計研究学会委員，日本税務会計学会税法部門副学会長，日本租税理論学会委員。

主な著書に，『減価償却・リースの税務詳解（第3版）』（中央経済社），『Q&A知っておきたい中小企業経営者と税制改正の実務（26年～2年度版）』『相続精算課税制度の徹底活用法』『減価償却の税務調査対策』『減価償却の否認と税務調査』（以上，大蔵財務協会），『改訂版計算書類作成のポイント—中小企業会計指針を中心に—』（新日本法規）がある。

主な共著に，『法人税申告書の書き方と留意点【基本別表編】【特殊別表編】（26年3年申告用）』『法人税修正申告書・更正請求書の書き方と留意点（第3版）』『税理士が図解式で書いた事業承継のしくみ（第2版）』（以上，中央経済社），『和解をめぐる法務と税務の接点』（大蔵財務協会），『事例式・契約書作成時の税務チェック【加除式】』『事例にみる税務上の形式基準の判断』『事業承継対策の法務と税務【加除式】』『わかりやすい必要経費判断・処理の手引【加除式】』（以上，新日本法規），『税理士実務質疑応答集—法人税編&個人税務編—』（ぎょうせい）などがある。

税理士のための相続税Q&A

事業承継対策

2015年11月15日　第1版第1刷発行
2021年1月25日　改訂改題第1刷発行

著　者	宮　森　俊　樹	
発行者	山　本　　　継	
発行所	㈱中央経済社	
発売元	㈱中央経済グループ　パブリッシング	

〒101-0051　東京都千代田区神田神保町1-31-2
電話　03（3293）3371（編集代表）
　　　03（3293）3381（営業代表）
https://www.chuokeizai.co.jp
印刷／昭和情報プロセス㈱
製本／㈲井上製本所

© 2021
Printed in Japan